2024

中国海关统计摘要
CHINA CUSTOMS STATISTICS ABSTRACT

中华人民共和国海关总署　编

General Administration of Customs of the
People's Republic of China (GACC)

 中国海关 出版社有限公司

中国·北京

图书在版编目（CIP）数据

中国海关统计摘要. 2024／中华人民共和国海关总署编. -- 北京：中国海关出版社有限公司, 2024.
ISBN 978-7-5175-0857-1

Ⅰ. F752. 5-66

中国国家版本馆 CIP 数据核字第 20248W8V13 号

中国海关统计摘要 （2024）

ZHONGGUO HAIGUAN TONGJI ZHAIYAO（2024）

编　　者：中华人民共和国海关总署
责任编辑：刘　婧
责任印制：王怡莎
出版发行：中国海关出版社有限公司
社　　址：北京市朝阳区东四环南路甲 1 号　　　　邮政编码：100023
网　　址：www. hgcbs. com. cn
编 辑 部：01065194242-7544（电话）
发 行 部：01065194221/4227/4238/4246（电话）
社办书店：01065195616（电话）
　　　　　https://weidian. com/? userid=319526934
印　　刷：中煤（北京）印务有限公司　　　　　　经　　销：新华书店
开　　本：710mm×1000mm　1/16
印　　张：12. 5　　　　　　　　　　　　　　　字　　数：280 千字
版　　次：2024 年 12 月第 1 版
印　　次：2024 年 12 月第 1 次印刷
书　　号：ISBN　978-7-5175-0857-1
定　　价：56. 00 元

《中国海关统计摘要（2024）》
编委会

编 写 说 明

一、《中国海关统计摘要》是为了及时反映我国货物贸易进出口发展情况而编写的综合性简明统计资料出版物，收录了近年来我国对外货物贸易统计的主要指标数据，同时简要列示了1981年以来的历史资料。内容包括综合、贸易伙伴、商品、地区、指数及主要统计指标解释。

二、统计范围：海关统计包括实际进出中华人民共和国关境并改变境内物质存量的货物。

三、资料来源：海关统计的原始资料是经海关确认的《中华人民共和国海关进（出）口货物报关单》、《中华人民共和国海关进（出）境货物备案清单》、《中华人民共和国海关跨境电子商务零售进（出）口商品申报清单》、《中华人民共和国海关进（出）境快件货物报关单》、边民互市进（出）境货物申报单证，以及其他经海关确认的与进出口货物相关的单证及资料。

四、书中数据为正式月度数据。

五、由于计数四舍五入，各统计表内分项数字之和可能与总数略有出入。部分历史数据由于更正的原因与已发行刊物的数据略有差异。

六、历史数据统计口径、计量单位等发生变化的，均以"注"说明。增速均为与上年同期相比。

七、本书有关符号的使用说明：摘要各表中的"–"表示该项无数据或不统计，"0"表示该项统计指标数据不足本表最小单位数，"*"表示该项数据与表中其他数据存在交叉情况。

目　　录

一、综　合

二、贸易伙伴

三、商　品

四、地 区

五、指　数

附　录

一、综合

◁

2024
中国海关统计摘要

年度进出口总额

年　份	亿元人民币			亿美元		
	进出口	出　口	进　口	进出口	出　口	进　口
"六五"时期	5634	2610	3026	2524	1200	1324
1981	735	368	368	440	220	220
1982	771	414	358	416	223	193
1983	860	438	422	436	222	214
1984	1201	581	620	535	261	274
1985	2067	809	1258	696	274	423
"七五"时期	19202	9261	9941	4864	2325	2539
1986	2580	1082	1498	738	309	429
1987	3084	1470	1614	827	394	432
1988	3822	1767	2055	1028	475	553
1989	4156	1956	2200	1117	525	591
1990	5560	2986	2574	1154	621	533
"八五"时期	71499	36662	34836	10143	5183	4960
1991	7226	3827	3399	1356	718	638
1992	9120	4676	4443	1655	849	806
1993	11271	5285	5986	1957	917	1040
1994	20382	10422	9960	2366	1210	1156
1995	23500	12452	11048	2809	1488	1321
"九五"时期	147120	79755	67365	17739	9617	8122
1996	24134	12576	11557	2899	1510	1388
1997	26967	15161	11807	3252	1828	1424
1998	26850	15224	11626	3239	1837	1402
1999	29896	16160	13736	3606	1949	1657
2000	39273	20634	18639	4743	2492	2251
"十五"时期	376506	197011	179495	45579	23852	21727
2001	42184	22024	20159	5097	2661	2436
2002	51378	26948	24430	6208	3256	2952
2003	70483	36288	34196	8510	4382	4128
2004	95539	49103	46436	11546	5933	5612
2005	116922	62648	54274	14219	7620	6600
"十一五"时期	840190	460673	379519	116814	63991	52823
2006	140957	77598	63377	17604	9690	7915
2007	166924	93627	73297	21762	12201	9561
2008	179921	100395	79527	25633	14307	11326
2009	150648	82030	68618	22075	12016	10059
2010	201722	107023	94700	29740	15778	13962
"十二五"时期	1248476	674782	573693	199225	107719	91507
2011	236402	123241	113161	36419	18984	17435
2012	244160	129359	114801	38671	20487	18184
2013	258169	137131	121037	41590	22090	19500
2014	264242	143884	120358	43015	23423	19592
2015	245503	141167	104336	39530	22735	16796
"十三五"时期	1463677	807557	656122	216393	119377	97014
2016	243386	138419	104967	36856	20976	15879
2017	278099	153310	124790	41071	22633	18438
2018	305008	164128	140880	46224	24867	21357
2019	315627	172374	143254	45779	24995	20784
2020	322215	179279	142936	46559	25900	20660
"十四五"时期						
2021	387392	214255	173137	59954	33160	26794
2022	416728	236337	180391	62509	35444	27065
2023	417510	237656	179854	59360	33790	25569

年度进出口增速

年　份	人民币			美元		
	进出口	出　口	进　口	进出口	出　口	进　口
1981	29.0	35.6	23.1	15.4	21.4	9.9
1982	4.9	12.5	-2.7	-5.5	1.4	-12.4
1983	11.5	5.8	17.9	4.8	-0.4	10.9
1984	39.7	32.6	46.9	22.8	17.6	28.1
1985	72.1	39.2	102.9	30.0	4.6	54.1
1986	24.8	33.7	19.1	6.1	13.1	1.5
1987	19.5	35.9	7.7	11.9	27.5	0.7
1988	23.9	20.2	27.3	24.4	20.5	27.9
1989	8.7	10.7	7.1	8.7	10.6	7.0
1990	33.8	52.7	17.0	3.4	18.2	-9.8
1991	30.0	28.2	32.1	17.5	15.7	19.6
1992	26.2	22.2	30.7	22.0	18.2	26.3
1993	23.6	13.0	34.7	18.2	8.0	29.0
1994	80.8	97.2	66.4	20.9	31.9	11.2
1995	15.3	19.5	10.9	18.7	23.0	14.2
1996	2.7	1.0	4.6	3.2	1.5	5.1
1997	11.7	20.6	2.2	12.2	21.0	2.5
1998	-0.4	0.4	-1.5	-0.4	0.5	-1.5
1999	11.3	6.1	18.1	11.3	6.1	18.2
2000	31.4	27.7	35.7	31.5	27.8	35.8
2001	7.4	6.7	8.2	7.5	6.8	8.2
2002	21.8	22.4	21.2	21.8	22.4	21.2
2003	37.2	34.7	40.0	37.1	34.6	39.8
2004	35.5	35.3	35.8	35.7	35.4	36.0
2005	22.4	27.6	16.9	23.2	28.4	17.6
2006	20.6	23.9	16.8	23.8	27.2	19.9
2007	18.4	20.7	15.7	23.6	25.9	20.8
2008	7.8	7.2	8.5	17.8	17.3	18.5
2009	-16.3	-18.3	-13.7	-13.9	-16.0	-11.2
2010	33.9	30.5	38.0	34.7	31.3	38.8
2011	17.2	15.2	19.5	22.5	20.3	24.9
2012	3.3	5.0	1.4	6.2	7.9	4.3
2013	5.7	6.0	5.4	7.5	7.8	7.2
2014	2.3	4.9	-0.6	3.4	6.0	0.4
2015	-7.0	-1.9	-13.2	-8.0	-2.9	-14.1
2016	-0.9	-1.9	0.6	-6.8	-7.7	-5.5
2017	14.3	10.8	18.9	11.4	7.9	16.1
2018	9.7	7.1	12.9	12.5	9.9	15.8
2019	3.5	5.0	1.7	-1.0	0.5	-2.7
2020	2.1	4.0	-0.2	1.7	3.6	-0.6
2021	20.2	19.5	21.1	28.8	28.0	29.7
2022	7.6	10.3	4.2	4.3	6.9	1.0
2023	0.2	0.6	-0.3	-5.0	-4.7	-5.5

中国进出口总额在世界贸易中的比重和位次

年 份	世界贸易进出口总额 （亿美元）	比 重（%）	位 次
1981	40849	1.1	21
1982	38297	1.1	21
1983	37375	1.2	20
1984	39714	1.3	16
1985	39684	1.8	11
1986	43461	1.7	12
1987	50992	1.6	17
1988	58342	1.8	15
1989	63044	1.8	15
1990	70897	1.6	16
1991	71398	1.9	14
1992	76797	2.2	11
1993	76891	2.5	11
1994	87568	2.7	11
1995	104529	2.7	11
1996	109533	2.6	11
1997	113310	2.9	11
1998	111857	2.9	11
1999	116457	3.1	9
2000	131015	3.6	8
2001	126034	4.0	6
2002	131573	4.7	6
2003	153619	5.5	4
2004	186959	6.2	3
2005	212956	6.7	3
2006	245004	7.2	3
2007	282982	7.7	3
2008	326672	7.8	3
2009	252734	8.7	2
2010	307427	9.7	2
2011	367744	9.9	2
2012	371719	10.4	2
2013	379304	11.0	1
2014	380628	11.3	1
2015	332783	11.9	1
2016	322456	11.4	2
2017	357200	11.5	1
2018	392994	11.7	1
2019	383291	11.9	1
2020	355213	13.1	1
2021	448797	13.5	1
2022	505495	12.3	1
2023	480679	12.4	1

注：所列世界贸易进出口总额来源于世界贸易组织数据库。

中国进口总额在世界贸易中的比重和位次

年 份	世界贸易进口总额 （亿美元）	比 重（%）	位 次
1981	20705	1.1	22
1982	19439	1.0	23
1983	18916	1.1	20
1984	20157	1.4	17
1985	20155	2.1	11
1986	22076	1.9	11
1987	25837	1.7	14
1988	29653	1.9	14
1989	32055	1.8	14
1990	36000	1.5	18
1991	36284	1.8	15
1992	39005	2.1	13
1993	38944	2.7	11
1994	44286	2.6	11
1995	52853	2.5	12
1996	55473	2.5	12
1997	57387	2.5	12
1998	56826	2.5	11
1999	59263	2.8	10
2000	66475	3.4	8
2001	64069	3.8	6
2002	66565	4.4	6
2003	77711	5.3	3
2004	94734	5.9	3
2005	107853	6.1	3
2006	123690	6.4	3
2007	142668	6.7	3
2008	164975	6.9	3
2009	127104	7.9	2
2010	154362	9.0	2
2011	184328	9.5	2
2012	186547	9.7	2
2013	189642	10.3	2
2014	190556	10.3	2
2015	167226	10.0	2
2016	162016	9.8	2
2017	179800	10.2	2
2018	198269	10.8	2
2019	193210	10.8	2
2020	178716	11.6	2
2021	225795	11.9	2
2022	256568	10.5	2
2023	242545	10.6	2

注：所列世界贸易进口总额来源于世界贸易组织数据库。

6

中国出口总额在世界贸易中的比重和位次

年 份	世界贸易出口总额 （亿美元）	比 重（%）	位 次
1981	20144	1.1	19
1982	18858	1.2	16
1983	18460	1.2	19
1984	19557	1.3	18
1985	19529	1.4	17
1986	21385	1.4	16
1987	25155	1.6	16
1988	28689	1.7	16
1989	30989	1.7	14
1990	34897	1.8	15
1991	35114	2.0	13
1992	37792	2.2	11
1993	37947	2.4	11
1994	43283	2.8	11
1995	51676	2.9	11
1996	54061	2.8	11
1997	55923	3.3	10
1998	55031	3.3	9
1999	57194	3.4	9
2000	64540	3.9	7
2001	61964	4.3	6
2002	65007	5.0	5
2003	75908	5.8	4
2004	92226	6.4	3
2005	105103	7.2	3
2006	121314	8.0	3
2007	140313	8.7	2
2008	161697	8.8	2
2009	125630	9.6	1
2010	153065	10.3	1
2011	183416	10.4	1
2012	185172	11.1	1
2013	189662	11.6	1
2014	190072	12.3	1
2015	165557	13.8	1
2016	160440	13.1	1
2017	177399	12.8	1
2018	194724	12.7	1
2019	190081	13.2	1
2020	176497	14.7	1
2021	223002	14.9	1
2022	248927	14.2	1
2023	238133	14.2	1

注：所列世界贸易出口总额来源于世界贸易组织数据库。

月度进出口总额

(2021 年 1 月—2023 年 12 月)

年　月	亿元人民币			亿美元		
	进出口	出　口	进　口	进出口	出　口	进　口
2021 年 1 月	30382	17190	13192	4646	2628	2018
2 月	24219	13224	10995	3727	2034	1693
3 月	30167	15400	14767	4675	2388	2288
4 月	31310	16859	14451	4822	2598	2224
5 月	31167	16865	14302	4793	2594	2199
6 月	32456	17656	14800	5042	2742	2300
7 月	32168	17713	14454	5011	2760	2251
8 月	33871	18729	15142	5237	2897	2341
9 月	34863	19516	15347	5375	3009	2367
10 月	32978	19124	13854	5101	2958	2142
11 月	36715	20557	16157	5723	3204	2519
12 月	37095	21420	15675	5801	3349	2452
2022 年 1 月	36168	20613	15555	5672	3233	2440
2 月	25697	13680	12016	4034	2148	1886
3 月	31944	17331	14613	5029	2729	2300
4 月	31315	17129	14186	4916	2690	2227
5 月	34114	19487	14628	5317	3039	2278
6 月	36920	21552	15368	5535	3234	2301
7 月	37526	22074	15452	5567	3275	2292
8 月	36674	20935	15738	5438	3104	2334
9 月	37652	21605	16047	5543	3182	2361
10 月	35102	20361	14741	5055	2936	2119
11 月	36561	20608	15953	5154	2906	2248
12 月	37054	20961	16094	5248	2969	2279
2023 年 1 月	33312	19863	13450	4770	2844	1925
2 月	27521	14159	13361	4053	2086	1966
3 月	36060	20656	15404	5278	3024	2254
4 月	33694	19762	13932	4911	2881	2030
5 月	34151	19314	14837	4967	2809	2158
6 月	34689	19762	14927	4972	2834	2138
7 月	34513	20090	14423	4822	2808	2014
8 月	35821	20310	15511	5005	2838	2166
9 月	37227	21314	15913	5178	2965	2213
10 月	35374	19691	15683	4925	2742	2183
11 月	37056	21006	16050	5162	2926	2236
12 月	38092	21729	16363	5318	3033	2285

贸易方式进口总额（人民币）

单位：亿元

贸易方式	2000 年	2005 年	2010 年	2015 年	2020 年	2021 年	2022 年	2023 年
总　额	**18639**	**54274**	**94700**	**104336**	**142936**	**173137**	**180391**	**179854**
一般贸易	8292	23016	52180	57274	86721	108259	115503	117100
国家间、国际组织无偿援助和赠送的物资	12	4	1	1	1	0	0	0
来料加工贸易	2312	5510	6743	5686	5305	5919	5972	5563
进料加工贸易	5348	17003	21569	22061	22583	25643	24553	21478
边境小额贸易	266	470	653	445	559	452	524	639
加工贸易进口设备	139	235	83	39	29	24	18	11
租赁贸易	94	298	382	510	157	118	56	33
外商投资企业作为投资进口的设备、物品	1084	2278	1105	382	201	131	83	62
出料加工贸易	2	3	9	19	25	15	11	40
免税外汇商品	9	1	1	1	3	1	0	0
免税品	–	–	–	101	273	265	207	255
保税监管场所进出境货物	436	1650	4146	5510	9421	11584	11900	12607
海关特殊监管区域物流货物	582	3639	7410	11308	15916	18807	20245	20664
海关特殊监管区域进口设备	–	116	271	406	700	808	495	318
其他	64	51	146	593	1042	1111	824	1083

注：1. "其他"包括"其他捐赠物资""寄售、代销贸易""易货贸易""补偿贸易"
　　和"其他贸易"等贸易方式。

　　2. 自 2014 年起，"免税品"列入海关统计。

贸易方式进口总额（美元）

单位：亿美元

贸易方式	2000 年	2005 年	2010 年	2015 年	2020 年	2021 年	2022 年	2023 年
总　额	**2251**	**6600**	**13962**	**16796**	**20660**	**26794**	**27065**	**25569**
一般贸易	1001	2796	7693	9224	12522	16749	17340	16652
国家间、国际组织无偿援助和赠送的物资	1	0	0	0	0	0	0	0
来料加工贸易	279	670	994	915	767	916	897	791
进料加工贸易	646	2070	3181	3551	3272	3970	3685	3051
边境小额贸易	32	57	96	72	81	70	78	91
加工贸易进口设备	17	29	12	6	4	4	3	2
租赁贸易	11	36	56	83	23	18	9	5
外商投资企业作为投资进口的设备、物品	131	277	163	62	29	20	13	9
出料加工贸易	0	0	1	3	4	2	2	6
免税外汇商品	1	0	0	0	0	0	0	0
免税品	–	–	–	16	40	41	31	36
保税监管场所进出境货物	53	201	611	886	1363	1794	1783	1792
海关特殊监管区域物流货物	70	443	1093	1818	2303	2913	3027	2936
海关特殊监管区域进口设备	–	14	40	65	101	125	75	45
其他	8	6	23	94	151	171	123	154

注：1. "其他"包括"其他捐赠物资""寄售、代销贸易""易货贸易""补偿贸易"
和"其他贸易"等贸易方式。

2. 自2014年起，"免税品"列入海关统计。

贸易方式出口总额（人民币）

单位：亿元

贸易方式	2000 年	2005 年	2010 年	2015 年	2020 年	2021 年	2022 年	2023 年
总　额	**20634**	**62648**	**107023**	**141167**	**179279**	**214255**	**236337**	**237656**
一般贸易	8731	25924	48886	75399	106430	129943	149828	153496
国家间、国际组织无偿援助和赠送的物资	8	19	20	31	40	79	44	37
来料加工贸易	3402	6903	7621	5219	4690	5158	5535	4799
进料加工贸易	7983	27322	42589	44317	43895	48154	48386	44248
边境小额贸易	100	608	1111	1896	1921	2058	2463	3344
对外承包工程出口货物	27	140	857	1000	732	823	714	914
租赁贸易	6	7	10	16	11	26	81	164
出料加工贸易	2	2	13	13	21	11	9	33
保税监管场所进出境货物	219	653	2400	3056	3686	4150	5090	4963
海关特殊监管区域物流货物	96	955	2476	6805	9871	13913	14777	17044
其他	61	115	1041	3415	7982	9941	9409	8615

注："其他"包括"其他捐赠物资""寄售、代销贸易""易货贸易""补偿贸易"和
"其他贸易"等贸易方式。

贸易方式出口总额（美元）

单位：亿美元

贸易方式	2000 年	2005 年	2010 年	2015 年	2020 年	2021 年	2022 年	2023 年
总　　额	**2492**	**7620**	**15778**	**22735**	**25900**	**33160**	**35444**	**33790**
一般贸易	1052	3151	7206	12148	15369	20111	22478	21826
国家间、国际组织无偿援助和赠送的物资	1	2	3	5	6	12	7	5
来料加工贸易	411	840	1123	841	677	799	831	683
进料加工贸易	964	3325	6280	7134	6347	7454	7258	6292
边境小额贸易	12	74	164	305	277	318	364	474
对外承包工程出口货物	3	17	126	161	106	127	107	130
租赁贸易	1	1	1	3	2	4	12	23
出料加工贸易	0	0	2	2	3	2	1	5
保税监管场所进出境货物	26	80	354	492	533	642	764	706
海关特殊监管区域物流货物	12	116	365	1094	1429	2154	2208	2420
其他	7	14	154	549	1151	1537	1414	1226

注："其他"包括"其他捐赠物资""寄售、代销贸易""易货贸易""补偿贸易"和
　　"其他贸易"等贸易方式。

企业性质进口总额（人民币）

单位：亿元

企业性质	2000 年	2005 年	2010 年	2015 年	2020 年	2021 年	2022 年	2023 年
总　　额	18639	54274	94700	104336	142936	173137	180391	179854
国有企业	8198	16225	26339	25279	32094	41909	48562	47862
中外合作企业	704	788	500	387	299	259	218	246
中外合资企业	4496	9740	14230	15225	15698	16090	16167	14799
外商独资企业	4505	21323	35351	35872	43972	49384	47026	43160
集体企业	511	1685	2374	1530	1626	1689	1626	1616
私营企业	113	4438	14547	25544	48504	62978	66271	71430
其他	113	74	1359	499	744	827	520	740

企业性质进口总额（美元）

单位：亿美元

企业性质	2000 年	2005 年	2010 年	2015 年	2020 年	2021 年	2022 年	2023 年
总　　额	2251	6600	13962	16796	20660	26794	27065	25569
国有企业	989	1972	3882	4073	4635	6486	7290	6812
中外合作企业	85	96	74	62	43	40	33	35
中外合资企业	543	1183	2098	2451	2271	2489	2430	2106
外商独资企业	544	2595	5212	5776	6355	7642	7061	6135
集体企业	62	205	350	246	234	261	245	230
私营企业	14	540	2146	4108	7014	9748	9929	10147
其他	14	9	201	79	107	127	77	105

注："其他"包括个体工商户、外国驻华企事业机构、外国驻华使领馆和临时进出口的单位和个人。

企业性质出口总额（人民币）

企业性质	2000年	2005年	2010年	2015年	2020年	2021年	2022年	2023年
总　额	20634	62648	107023	141167	179279	214255	236337	237656
国有企业	9637	13890	15903	15033	14397	17363	18886	18904
中外合作企业	819	1287	1117	706	392	432	412	374
中外合资企业	4164	11187	16120	17537	17023	20561	21125	19363
外商独资企业	4899	24032	41245	44138	47093	53409	53220	48125
集体企业	880	3005	3382	3163	2832	3076	3250	3032
私营企业	197	9227	29146	60404	96913	118816	139040	147345
其他	31	20	109	185	628	598	404	512

企业性质出口总额（美元）

企业性质	2000年	2005年	2010年	2015年	2020年	2021年	2022年	2023年
总　额	2492	7620	15778	22735	25900	33160	35444	33790
国有企业	1164	1688	2343	2424	2076	2686	2835	2688
中外合作企业	99	157	165	114	57	67	62	53
中外合资企业	503	1360	2376	2824	2462	3182	3176	2757
外商独资企业	592	2925	6082	7108	6802	8267	7991	6844
集体企业	106	365	498	510	409	476	489	432
私营企业	24	1122	4298	9725	14003	18389	20831	20944
其他	4	2	16	30	91	92	60	73

注："其他"包括个体工商户、外国驻华企事业机构、外国驻华使领馆和临时进出口的单位和个人。

运输方式进口总额（人民币）

单位：亿元

运输方式	2000 年	2005 年	2010 年	2015 年	2020 年	2021 年	2022 年	2023 年
总　额	**18639**	**54274**	**94700**	**104336**	**142936**	**173137**	**180391**	**179854**
水路运输	11388	30900	58531	56441	79611	97696	107360	106211
铁路运输	356	873	1333	979	1748	2154	2278	2415
公路运输	3903	10278	15659	19788	24286	29812	22903	25167
航空运输	2951	12150	18376	24994	34671	40344	43985	41870
邮件运输	17	34	28	20	160	148	102	86
其他	23	39	772	2115	2461	2983	3763	4104

运输方式进口总额（美元）

单位：亿美元

运输方式	2000 年	2005 年	2010 年	2015 年	2020 年	2021 年	2022 年	2023 年
总　额	**2251**	**6600**	**13962**	**16796**	**20660**	**26794**	**27065**	**25569**
水路运输	1376	3754	8629	9095	11498	15117	16126	15104
铁路运输	43	106	197	157	253	333	342	343
公路运输	471	1253	2311	3183	3513	4615	3430	3575
航空运输	356	1478	2708	4018	5018	6245	6588	5951
邮件运输	2	4	4	3	23	23	15	12
其他	3	5	114	339	355	461	563	584

注："其他"包括"旅客携带""固定设施""其他运输"。

运输方式出口总额（人民币）

单位：亿元

运输方式	2000 年	2005 年	2010 年	2015 年	2020 年	2021 年	2022 年	2023 年
总　额	20634	62648	107023	141167	179279	214255	236337	237656
水路运输	12875	40835	73864	95477	116067	139365	166331	163682
铁路运输	202	411	726	1123	3606	4407	4045	4277
公路运输	5705	10897	17025	22827	25616	30841	24294	30636
航空运输	1700	10115	14649	20509	31759	35868	36602	33037
邮件运输	22	55	46	222	322	199	108	101
其他	131	335	712	1009	1909	3576	4956	5923

运输方式出口总额（美元）

单位：亿美元

运输方式	2000 年	2005 年	2010 年	2015 年	2020 年	2021 年	2022 年	2023 年
总　额	2492	7620	15778	22735	25900	33160	35444	33790
水路运输	1555	4963	10886	15390	16754	21565	24968	23283
铁路运输	24	50	107	181	520	682	607	608
公路运输	689	1329	2514	3670	3708	4776	3617	4348
航空运输	205	1230	2159	3298	4596	5554	5495	4693
邮件运输	3	7	7	35	46	30	16	14
其他	16	41	105	162	275	554	740	843

注："其他"包括"旅客携带""固定设施""其他运输"。

关别进口总额（人民币）

单位：亿元

序号	关　别	2000 年	2005 年	2010 年	2015 年	2020 年	2021 年	2022 年	2023 年
	总　额	**18639**	**54274**	**94700**	**104336**	**142936**	**173137**	**180391**	**179854**
1	上海海关	3955	11381	17732	19680	27025	32063	31557	31116
2	深圳海关	2823	8011	12841	16263	17564	21277	19704	19842
3	南京海关	1089	7068	10634	10374	14391	16664	17396	18000
4	青岛海关	1180	3666	8569	7737	10365	13771	15726	16185
5	天津海关	1100	3056	5754	5454	7160	8199	9421	8797
6	黄埔海关	2026	4175	6056	6167	8300	9226	8648	7678
7	杭州海关	311	970	2635	2222	3943	5592	7026	7616
8	宁波海关	579	2583	4132	3218	4447	5893	7029	6619
9	北京海关	810	2040	3164	3739	4144	4727	5506	5763
10	大连海关	786	1821	3557	3294	4525	5231	5487	5176
11	广州海关	1058	2111	3572	3582	4534	5168	5302	4963
12	南宁海关	72	267	800	1810	3100	4601	4221	4860
13	厦门海关	501	1193	2174	2475	2686	3689	4087	3896
14	石家庄海关	55	234	1493	1827	2992	3898	3541	3801
15	成都海关	69	158	757	998	3303	3488	3432	3220
16	济南海关	–	–	–	1099	2104	2479	2667	2728
17	湛江海关	255	732	1233	1068	1374	2171	2904	2594
18	郑州海关	23	82	280	1774	2444	2965	2982	2404
19	福州海关	229	425	596	692	1484	2159	2200	2319
20	合肥海关	28	85	591	739	1650	2010	1968	1983
21	重庆海关	52	122	272	1109	1950	2276	2252	1899
22	乌鲁木齐海关	97	272	797	1001	1174	1228	1776	1892
23	哈尔滨海关	42	117	136	538	929	1236	1658	1802
24	武汉海关	54	245	573	826	1301	1491	1516	1546
25	拱北海关	513	1390	1789	1356	1499	1664	1806	1515
26	昆明海关	24	90	118	384	918	1007	1274	1383
27	汕头海关	187	265	337	311	322	523	722	1356
28	沈阳海关	74	185	326	391	914	1164	1099	1317
29	南昌海关	14	55	425	468	872	1002	1199	1298
30	海口海关	30	88	542	684	815	994	1232	1205
31	长沙海关	43	118	276	472	943	882	983	1121
32	西安海关	52	101	334	916	1711	1967	1389	1047
33	呼和浩特海关	39	186	261	311	467	558	657	995
34	长春海关	58	214	420	474	549	522	464	466
35	江门海关	180	246	283	306	389	438	538	431
36	满洲里海关	160	319	609	198	230	244	356	385
37	太原海关	26	84	275	127	199	358	241	276
38	兰州海关	6	77	252	92	117	177	263	207
39	贵阳海关	8	18	32	116	79	111	134	118
40	银川海关	9	16	49	36	12	10	23	20
41	西宁海关	3	9	20	3	4	2	4	7
42	拉萨海关	0	1	3	10	3	14	1	5

注：1. 按 2023 年总额降序排列。

2. 济南海关成立于 2013 年。

关别进口总额（美元）

单位：亿美元

序号	关　别	2000 年	2005 年	2010 年	2015 年	2020 年	2021 年	2022 年	2023 年
	总　额	2251	6600	13962	16796	20660	26794	27065	25569
1	上海海关	477	1382	2613	3167	3907	4963	4723	4426
2	深圳海关	341	978	1895	2615	2538	3294	2957	2819
3	南京海关	131	861	1568	1671	2079	2579	2612	2559
4	青岛海关	143	444	1264	1247	1498	2132	2360	2302
5	天津海关	133	371	846	879	1035	1268	1414	1251
6	黄埔海关	245	507	893	993	1198	1428	1302	1091
7	杭州海关	38	118	389	358	570	865	1054	1082
8	宁波海关	70	313	609	519	643	912	1057	941
9	北京海关	98	248	466	601	599	731	825	820
10	大连海关	95	221	524	531	653	809	824	736
11	广州海关	128	257	527	576	656	799	796	706
12	南宁海关	9	32	118	290	448	712	632	691
13	厦门海关	60	145	321	399	388	571	615	554
14	石家庄海关	7	28	220	295	432	603	533	541
15	成都海关	8	19	112	160	478	540	515	457
16	济南海关	－	－	－	177	303	384	401	388
17	湛江海关	31	89	182	172	199	336	436	369
18	郑州海关	3	10	41	285	357	459	447	341
19	福州海关	28	52	88	112	214	334	330	329
20	合肥海关	3	10	87	119	239	311	297	281
21	重庆海关	6	15	40	179	282	352	339	270
22	乌鲁木齐海关	12	33	118	161	169	190	266	269
23	哈尔滨海关	5	14	20	87	134	191	248	256
24	武汉海关	6	30	84	132	188	230	228	220
25	拱北海关	62	169	264	218	217	257	272	215
26	昆明海关	3	11	17	62	133	156	190	197
27	汕头海关	23	32	50	50	46	81	108	192
28	沈阳海关	9	22	48	63	132	180	165	187
29	南昌海关	2	7	63	75	126	155	180	185
30	海口海关	4	11	80	110	118	154	185	172
31	长沙海关	5	14	41	76	136	136	147	159
32	西安海关	6	12	49	147	247	304	209	149
33	呼和浩特海关	5	23	38	50	67	86	98	141
34	长春海关	7	26	62	76	79	81	69	66
35	江门海关	22	30	42	49	56	68	81	61
36	满洲里海关	19	39	90	32	33	38	53	55
37	太原海关	3	10	40	21	29	55	36	39
38	兰州海关	1	9	37	15	17	27	40	30
39	贵阳海关	1	2	5	18	12	17	20	17
40	银川海关	1	2	7	6	2	2	3	3
41	西宁海关	0	1	3	0	1	0	1	1
42	拉萨海关	0	0	0	2	0	2	0	1

注：1. 按 2023 年总额降序排列。

　　2. 济南海关成立于 2013 年。

关别出口总额（人民币）

单位：亿元

序号	关 别	2000年	2005年	2010年	2015年	2020年	2021年	2022年	2023年
	总 额	20634	62648	107023	141167	179279	214255	236337	237656
1	上海海关	5102	17476	28714	30986	37564	43634	45386	46221
2	深圳海关	3684	10681	19376	27112	36330	40530	43315	42600
3	南京海关	716	4405	8929	10082	13028	16096	17978	17922
4	宁波海关	552	2975	6818	8756	12150	14616	17887	17366
5	青岛海关	1394	4059	7640	8834	10717	13892	16769	16272
6	广州海关	1215	2561	3813	6419	8843	10693	11482	12443
7	杭州海关	103	416	1750	3541	5264	6809	8543	9644
8	天津海关	1369	3677	5399	6158	6106	8099	10172	9481
9	黄埔海关	2112	4594	6239	8747	6967	8543	8524	8304
10	厦门海关	709	2311	3600	4891	6197	7566	8559	8101
11	乌鲁木齐海关	61	436	1076	1247	1174	1514	2678	4461
12	大连海关	1023	2147	3119	3306	3167	3744	4112	4313
13	郑州海关	12	41	75	2020	3522	4341	4315	4118
14	成都海关	33	43	263	1070	3907	4405	4432	4022
15	南宁海关	89	186	671	1961	3246	3902	3414	3959
16	重庆海关	41	134	326	2109	3544	4352	4288	3831
17	济南海关	–	–	–	–	1151	1921	2648	3265	3212
18	拱北海关	588	1825	2691	3105	2611	2768	3741	3090
19	西安海关	17	35	158	648	1864	2410	2546	2031
20	武汉海关	59	153	427	866	1271	1728	2031	1962
21	合肥海关	28	47	120	602	1037	1192	1484	1823
22	北京海关	382	1432	1720	1674	1588	2596	1816	1653
23	福州海关	321	546	760	1127	1174	1432	1646	1626
24	石家庄海关	126	393	370	673	518	759	935	1140
25	汕头海关	280	432	617	735	660	767	1008	1113
26	南昌海关	10	40	241	356	764	835	843	1087
27	江门海关	260	516	643	769	829	924	953	868
28	昆明海关	44	110	239	471	935	776	788	859
29	长沙海关	23	71	166	395	1071	881	918	842
30	满洲里海关	14	34	59	104	126	178	274	612
31	哈尔滨海关	39	320	286	201	145	191	435	604
32	海口海关	32	55	138	254	245	269	520	544
33	呼和浩特海关	11	47	95	98	149	208	226	368
34	湛江海关	77	165	211	233	217	287	358	334
35	沈阳海关	48	112	145	163	206	252	258	264
36	长春海关	17	57	77	85	90	114	176	252
37	贵阳海关	5	10	8	159	56	88	140	154
38	太原海关	32	71	6	4	44	157	43	69
39	拉萨海关	0	11	36	32	15	27	27	49
40	兰州海关	1	9	3	13	7	14	24	21
41	银川海关	0	0	0	12	10	20	26	14
42	西宁海关	1	14	1	0	0	0	2	7

注：1. 按2023年总额降序排列。

2. 济南海关成立于2013年。

关别出口总额（美元）

单位：亿美元

序号	关别	2000年	2005年	2010年	2015年	2020年	2021年	2022年	2023年
	总额	**2492**	**7620**	**15778**	**22735**	**25900**	**33160**	**35444**	**33790**
1	上海海关	616	2123	4232	4993	5418	6754	6796	6575
2	深圳海关	445	1304	2860	4364	5255	6273	6484	6053
3	南京海关	86	536	1316	1624	1882	2491	2701	2547
4	宁波海关	67	361	1005	1411	1754	2262	2694	2470
5	青岛海关	168	492	1126	1422	1549	2150	2517	2314
6	广州海关	147	312	562	1034	1277	1654	1727	1768
7	杭州海关	12	51	258	570	758	1053	1283	1371
8	天津海关	165	446	794	994	882	1254	1525	1351
9	黄埔海关	255	559	920	1410	1006	1322	1282	1180
10	厦门海关	86	281	531	788	896	1171	1285	1152
11	乌鲁木齐海关	7	53	159	182	169	234	398	633
12	大连海关	124	261	460	533	457	579	617	613
13	郑州海关	1	5	11	323	513	672	648	585
14	成都海关	4	5	39	173	565	682	664	571
15	南宁海关	11	23	99	315	470	604	505	562
16	重庆海关	5	16	48	340	512	674	646	545
17	济南海关	–	–	–	186	278	410	491	457
18	拱北海关	71	222	397	499	378	428	562	440
19	西安海关	2	4	23	104	269	373	383	289
20	武汉海关	7	19	63	139	184	267	305	279
21	合肥海关	3	6	18	97	150	184	223	259
22	北京海关	46	174	253	269	229	402	273	235
23	福州海关	39	66	112	200	169	221	248	231
24	石家庄海关	15	48	54	109	75	117	140	162
25	汕头海关	34	53	91	118	95	119	151	158
26	南昌海关	1	5	36	57	110	129	125	155
27	江门海关	31	63	95	124	120	143	144	123
28	昆明海关	5	13	35	76	136	120	117	122
29	长沙海关	3	9	25	63	155	136	137	120
30	满洲里海关	2	4	9	17	18	28	40	87
31	哈尔滨海关	5	39	42	32	21	30	64	86
32	海口海关	4	7	20	41	35	42	77	78
33	呼和浩特海关	1	6	14	16	21	32	34	52
34	湛江海关	9	20	31	38	31	44	53	48
35	沈阳海关	6	14	21	26	30	39	39	37
36	长春海关	2	7	11	14	13	18	26	36
37	贵阳海关	1	1	1	25	8	14	21	22
38	太原海关	4	9	1	1	6	24	6	10
39	拉萨海关	0	1	5	5	2	4	4	7
40	兰州海关	0	1	0	2	1	2	4	3
41	银川海关	0	0	0	2	1	3	4	2
42	西宁海关	0	2	0	0	0	0	0	1

注：1. 按2023年总额降序排列。

2. 济南海关成立于2013年。

二、贸易伙伴

与主要国家（地区）进出口总额（人民币）

单位：亿元

序号	国家（地区）	2000 年	2005 年	2010 年	2015 年	2020 年
	总　额	**39191**	**116945**	**201978**	**245503**	**322215**
1	美国	6148	17391	26142	34585	40615
2	日本	6877	15184	20200	17297	21956
3	韩国	2851	9205	14051	17136	19766
4	中国香港	4462	11218	15623	21360	19306
5	中国台湾	2525	7494	9863	11683	18023
6	俄罗斯	660	2392	3767	4225	7495
7	越南	203	674	2039	5963	13283
8	澳大利亚	698	2242	5991	7065	11861
9	德国	1627	5206	9658	9741	13281
10	马来西亚	665	2523	5036	6034	9093
11	巴西	235	1219	4246	4432	8347
12	印度尼西亚	614	1381	2899	3363	5432
13	印度	241	1539	4191	4442	6066
14	泰国	548	1793	3590	4686	6835
15	荷兰	654	2368	3811	4239	6352
16	新加坡	893	2725	3873	4936	6180
17	沙特阿拉伯	256	1322	2930	3199	4650
18	中国	594	4525	7244	8914	8668
19	墨西哥	151	638	1679	2720	4227
20	英国	814	2015	3396	4875	6400
21	阿联酋	206	886	1743	3011	3419
22	加拿大	571	1577	2519	3454	4447
23	法国	634	1698	3038	3195	4610
24	菲律宾	259	1443	1883	2835	4234
25	意大利	569	1533	3062	2773	3818
26	智利	175	587	1762	1971	3133
27	瑞士	181	480	1362	2761	1553
28	南非	169	598	1741	2863	2492
29	伊拉克	81	68	670	1276	2096
30	西班牙	226	866	1657	1703	2626
	＊欧洲联盟	5699	17878	32541	35073	44948
	＊东南亚国家联盟	3260	10717	19863	29298	47406

与主要国家（地区）进出口总额（人民币）

序号	国家（地区）	2019 年	2020 年	2021 年	2022 年	2023 年
	总　额	**315627**	**322215**	**387392**	**416728**	**417510**
1	美国	37330	40615	48174	50020	46695
2	日本	21711	21956	23903	23748	22381
3	韩国	19605	19766	23201	23922	21845
4	中国香港	19881	19306	22995	20099	20260
5	中国台湾	15735	18023	21072	21099	18843
6	俄罗斯	7652	7495	9480	12748	16925
7	越南	11182	13283	14766	15421	16181
8	澳大利亚	11681	11861	14763	14671	16166
9	德国	12741	13281	15100	15093	14543
10	马来西亚	8557	9093	11264	13401	13387
11	巴西	7965	8347	10546	11401	12798
12	印度尼西亚	5503	5432	7995	9898	9794
13	印度	6395	6066	8046	8935	9581
14	泰国	6326	6835	8398	8857	8874
15	荷兰	5878	6352	7459	8651	8231
16	新加坡	6211	6180	6000	7453	7613
17	沙特阿拉伯	5383	4650	5566	7694	7531
18	中国	8950	8668	10038	8036	7322
19	墨西哥	4187	4227	5561	6301	7048
20	英国	5958	6400	7178	6824	6897
21	阿联酋	3363	3419	4627	6585	6679
22	加拿大	4483	4447	5227	6378	6261
23	法国	4522	4610	5443	5385	5550
24	菲律宾	4204	4234	5211	5711	5049
25	意大利	3787	3818	4756	5149	5045
26	智利	2822	3133	4229	4440	4390
27	瑞士	2192	1553	2848	3825	4169
28	南非	2926	2492	3474	3758	3908
29	伊拉克	2304	2096	2392	3534	3498
30	西班牙	2447	2626	3103	3419	3413
	＊欧洲联盟	48637	44948	53098	56158	55053
	＊东南亚国家联盟	44268	47406	56152	64015	64108

注：1. 按 2023 年总额降序排列，取前 30 名国家（地区）数据。

　　2. 2020 年 1 月英国脱离欧盟，自 2020 年起，欧盟不包含英国数据。

　　3. 带"＊"数据不参与排序。

与主要国家（地区）进出口总额（美元）

单位：亿美元

序号	国家（地区）	2000年	2005年	2010年	2015年	2020年
	总　额	**4743**	**14219**	**29740**	**39530**	**46559**
1	美国	742	2115	3854	5570	5870
2	日本	830	1844	2978	2785	3173
3	韩国	344	1119	2071	2758	2856
4	中国香港	539	1367	2306	3432	2796
5	中国台湾	305	912	1454	1881	2606
6	俄罗斯	80	291	555	680	1082
7	澳大利亚	84	273	883	1138	1712
8	越南	24	82	301	959	1923
9	德国	196	633	1423	1568	1919
10	马来西亚	80	307	742	973	1315
11	巴西	28	148	626	715	1205
12	印度尼西亚	74	168	428	542	785
13	印度	29	187	618	716	877
14	泰国	66	218	529	755	987
15	荷兰	79	288	562	682	918
16	新加坡	108	331	571	795	892
17	沙特阿拉伯	31	161	432	516	672
18	中国	72	552	1069	1434	1253
19	墨西哥	18	78	248	438	610
20	英国	98	245	501	785	924
21	阿联酋	25	108	257	485	494
22	加拿大	69	192	371	557	642
23	法国	76	206	448	514	667
24	菲律宾	31	176	278	456	612
25	意大利	69	186	451	447	552
26	智利	21	71	260	318	453
27	瑞士	22	58	201	443	224
28	南非	20	73	257	460	361
29	伊拉克	10	8	99	206	302
30	西班牙	27	105	244	274	379
	*欧洲联盟	690	2173	4796	5646	6494
	*东南亚国家联盟	394	1304	2929	4718	6853

与主要国家（地区）进出口总额（美元）

序号	国家（地区）	2019 年	2020 年	2021 年	2022 年	2023 年
	总　额	**45779**	**46559**	**59954**	**62509**	**59360**
1	美国	5416	5870	7455	7516	6640
2	日本	3150	3173	3696	3562	3180
3	韩国	2845	2856	3591	3594	3107
4	中国香港	2882	2796	3561	3008	2878
5	中国台湾	2281	2606	3262	3173	2677
6	俄罗斯	1109	1082	1468	1899	2402
7	澳大利亚	1695	1712	2284	2201	2300
8	越南	1620	1923	2285	2309	2297
9	德国	1849	1919	2336	2265	2067
10	马来西亚	1241	1315	1744	2006	1903
11	巴西	1155	1205	1632	1712	1817
12	印度尼西亚	798	785	1238	1482	1393
13	印度	928	877	1245	1342	1362
14	泰国	917	987	1299	1330	1263
15	荷兰	852	918	1155	1298	1171
16	新加坡	900	892	929	1113	1083
17	沙特阿拉伯	781	672	862	1155	1072
18	中国	1298	1253	1554	1207	1040
19	墨西哥	607	610	861	945	1002
20	英国	864	924	1111	1024	980
21	阿联酋	487	494	716	986	950
22	加拿大	651	642	809	953	890
23	法国	656	667	842	807	789
24	菲律宾	610	612	807	856	719
25	意大利	549	552	736	773	717
26	智利	409	453	654	668	625
27	瑞士	318	224	441	570	595
28	南非	425	361	537	563	556
29	伊拉克	334	302	370	529	498
30	西班牙	355	379	480	513	486
	＊欧洲联盟	7054	6494	8217	8427	7829
	＊东南亚国家联盟	6417	6853	8690	9585	9115

注：1. 按 2023 年总额降序排列，取前 30 名国家（地区）数据。

2. 2020 年 1 月英国脱离欧盟，自 2020 年起，欧盟不包含英国数据。

3. 带"＊"数据不参与排序。

自主要国家（地区）进口总额（人民币）

单位：亿元

序号	国家（地区）	2000 年	2005 年	2010 年	2015 年	2020 年
	总　额	**18639**	**54274**	**94700**	**104336**	**142936**
1	中国台湾	2109	6133	7850	8898	13862
2	美国	1841	4000	6924	9181	9342
3	韩国	1917	6316	9385	10846	11981
4	日本	3434	8267	11989	8876	12076
5	澳大利亚	415	1333	4145	4561	8160
6	俄罗斯	476	1307	1759	2065	3995
7	巴西	134	822	2586	2736	5931
8	德国	861	2531	5040	5448	7268
9	中国	594	4525	7244	8914	8668
10	马来西亚	453	1651	3421	3308	5201
11	越南	76	210	473	1862	5414
12	印度尼西亚	361	694	1410	1234	2594
13	沙特阿拉伯	162	1007	2226	1860	2702
14	瑞士	120	319	1155	2564	1203
15	泰国	363	1150	2251	2308	3335
16	加拿大	310	618	1012	1629	1530
17	智利	110	411	1218	1146	2072
18	阿联酋	34	168	302	715	1182
19	法国	327	741	1162	1535	2048
20	伊拉克	54	34	425	785	1339
21	南非	85	283	1009	1879	1437
22	新加坡	419	1358	1677	1711	2190
23	阿曼	268	340	663	933	1083
24	意大利	255	571	951	1045	1536
25	秘鲁	46	187	433	494	1017
26	卡塔尔	36	39	166	286	573
27	英国	293	454	767	1174	1378
28	菲律宾	139	1057	1100	1177	1337
29	安哥拉	151	541	1550	991	1021
30	墨西哥	40	183	467	623	1122
	＊欧洲联盟	2545	6059	11425	12980	17870
	＊东南亚国家联盟	1830	6163	10490	12084	20858

自主要国家（地区）进口总额（人民币）

序号	国家（地区）	2019年	2020年	2021年	2022年	2023年
	总　额	**143254**	**142936**	**173137**	**180391**	**179854**
1	中国台湾	11935	13862	16041	15680	14024
2	美国	8466	9342	11529	11737	11500
3	韩国	11959	11981	13773	13224	11379
4	日本	11838	12076	13260	12275	11308
5	澳大利亚	8352	8160	10530	9464	10974
6	俄罗斯	4217	3995	5140	7655	9106
7	巴西	5513	5931	7105	7285	8640
8	德国	7240	7268	7728	7391	7474
9	中国	8950	8668	10038	8036	7322
10	马来西亚	4960	5201	6329	7327	7245
11	越南	4432	5414	5965	5885	6499
12	印度尼西亚	2352	2594	4128	5211	5208
13	沙特阿拉伯	3737	2702	3680	5195	4517
14	瑞士	1879	1203	2445	3318	3766
15	泰国	3181	3335	3989	3764	3552
16	加拿大	1937	1530	1969	2855	3090
17	智利	1808	2072	2550	2956	3019
18	阿联酋	1057	1182	1844	3035	2763
19	法国	2247	2048	2502	2367	2624
20	伊拉克	1651	1339	1722	2629	2493
21	南非	1786	1437	2130	2166	2247
22	新加坡	2428	2190	2506	2220	2209
23	阿曼	1355	1083	1846	2409	2198
24	意大利	1477	1536	1958	1795	1917
25	秘鲁	1046	1017	1556	1596	1797
26	卡塔尔	601	573	853	1506	1470
27	英国	1650	1378	1659	1448	1414
28	菲律宾	1392	1337	1599	1531	1370
29	安哥拉	1640	1021	1358	1541	1334
30	墨西哥	989	1122	1237	1162	1318
	＊欧洲联盟	19066	17870	19965	18973	19828
	＊东南亚国家联盟	19465	20858	25489	27209	27300

注：1. 按2023年总额降序排列，取前30名国家（地区）数据。

2. 2020年1月英国脱离欧盟，自2020年起，欧盟不包含英国数据。

3. 带"＊"数据不参与排序。

自主要国家（地区）进口总额（美元）

单位：亿美元

序号	国家（地区）	2000 年	2005 年	2010 年	2015 年	2020 年
	总　额	**2251**	**6600**	**13962**	**16796**	**20660**
1	中国台湾	255	747	1157	1432	2005
2	美国	224	486	1021	1478	1353
3	韩国	232	768	1383	1745	1731
4	日本	415	1004	1767	1429	1747
5	澳大利亚	50	162	611	735	1177
6	俄罗斯	58	159	259	333	577
7	巴西	16	100	381	441	855
8	德国	104	307	743	876	1051
9	中国	72	552	1069	1434	1253
10	马来西亚	55	201	504	533	752
11	越南	9	26	70	298	785
12	印度尼西亚	44	84	208	199	375
13	沙特阿拉伯	20	122	328	300	391
14	瑞士	15	39	170	411	174
15	泰国	44	140	332	372	481
16	加拿大	38	75	149	262	221
17	智利	13	50	180	185	299
18	阿联酋	4	20	45	115	171
19	法国	39	90	171	247	297
20	伊拉克	6	4	63	127	193
21	南非	10	34	149	302	208
22	新加坡	51	165	247	276	316
23	阿曼	33	41	98	150	157
24	意大利	31	69	140	168	222
25	秘鲁	6	23	64	79	147
26	卡塔尔	4	5	25	46	83
27	英国	36	55	113	189	199
28	菲律宾	17	129	162	190	193
29	安哥拉	18	66	228	160	148
30	墨西哥	5	22	69	100	162
	＊欧洲联盟	308	736	1684	2088	2585
	＊东南亚国家联盟	221	750	1547	1945	3016

自主要国家（地区）进口总额（美元）

序号	国家（地区）	2019年	2020年	2021年	2022年	2023年
	总　额	**20784**	**20660**	**26794**	**27065**	**25569**
1	中国台湾	1730	2005	2483	2357	1992
2	美国	1229	1353	1784	1762	1637
3	韩国	1736	1731	2132	1989	1617
4	日本	1718	1747	2050	1842	1605
5	澳大利亚	1213	1177	1629	1422	1562
6	俄罗斯	612	577	796	1145	1293
7	巴西	800	855	1099	1094	1226
8	德国	1051	1051	1195	1109	1062
9	中国	1298	1253	1554	1207	1040
10	马来西亚	719	752	980	1097	1029
11	越南	641	785	923	879	921
12	印度尼西亚	341	375	639	779	741
13	沙特阿拉伯	542	391	570	781	644
14	瑞士	273	174	379	494	538
15	泰国	462	481	617	566	506
16	加拿大	282	221	305	423	439
17	智利	262	299	394	445	430
18	阿联酋	153	171	286	454	393
19	法国	326	297	387	354	373
20	伊拉克	239	193	267	394	355
21	南非	259	208	330	324	320
22	新加坡	352	316	388	334	314
23	阿曼	197	157	286	362	313
24	意大利	214	222	303	269	272
25	秘鲁	152	147	241	240	256
26	卡塔尔	87	83	132	226	209
27	英国	239	199	257	218	201
28	菲律宾	202	193	247	230	195
29	安哥拉	238	148	210	232	189
30	墨西哥	143	162	191	174	187
	＊欧洲联盟	2766	2585	3089	2845	2817
	＊东南亚国家联盟	2822	3016	3945	4075	3879

注：1. 按2023年总额降序排列，取前30名国家（地区）数据。

　　2. 2020年1月英国脱离欧盟，自2020年起，欧盟不包含英国数据。

　　3. 带"＊"数据不参与排序。

对主要国家（地区）出口总额（人民币）

单位：亿元

序号	国家（地区）	2000 年	2005 年	2010 年	2015 年	2020 年
	总　额	20634	62648	107023	141167	179279
1	美国	4307	13392	19218	25404	31273
2	中国香港	3678	10213	14791	20565	18824
3	日本	3444	6917	8211	8421	9880
4	韩国	933	2889	4666	6290	7785
5	越南	127	464	1566	4101	7869
6	印度	129	735	2776	3612	4613
7	俄罗斯	184	1085	2008	2159	3501
8	德国	767	2675	4618	4293	6013
9	荷兰	552	2127	3372	3693	5468
10	马来西亚	212	872	1615	2726	3893
11	墨西哥	110	455	1213	2096	3105
12	英国	522	1561	2630	3701	5023
13	新加坡	475	1367	2196	3225	3990
14	泰国	186	643	1339	2378	3500
15	澳大利亚	284	910	1846	2504	3701
16	中国台湾	416	1361	2013	2785	4161
17	印度尼西亚	253	688	1489	2129	2838
18	巴西	101	397	1660	1696	2416
19	阿联酋	171	718	1441	2296	2237
20	菲律宾	121	386	783	1657	2898
21	加拿大	261	958	1508	1825	2917
22	意大利	314	962	2112	1728	2282
23	沙特阿拉伯	94	315	704	1339	1948
24	法国	307	957	1876	1660	2561
25	西班牙	175	695	1234	1356	1907
26	土耳其	89	350	810	1153	1409
27	波兰	71	214	641	891	1851
28	比利时	189	637	970	1005	1437
29	哈萨克斯坦	49	320	632	523	811
30	南非	84	315	733	984	1055
	＊欧洲联盟	3154	11819	21116	22093	27078
	＊东南亚国家联盟	1430	4554	9373	17214	26547

对主要国家（地区）出口总额（人民币）

续表

序号	国家（地区）	2019年	2020年	2021年	2022年	2023年
	总　　额	**172374**	**179279**	**214255**	**236337**	**237656**
1	美国	28864	31273	36646	38284	35195
2	中国香港	19257	18824	22373	19579	19302
3	日本	9873	9880	10643	11474	11073
4	韩国	7646	7785	9428	10698	10466
5	越南	6750	7869	8801	9536	9683
6	印度	5156	4613	6228	7775	8278
7	俄罗斯	3434	3501	4340	5083	7819
8	德国	5501	6013	7372	7701	7068
9	荷兰	5105	5468	6554	7816	7037
10	马来西亚	3596	3893	4936	6074	6142
11	墨西哥	3199	3105	4324	5140	5730
12	英国	4308	5023	5519	5377	5483
13	新加坡	3783	3990	3495	5233	5404
14	泰国	3145	3500	4409	5093	5321
15	澳大利亚	3329	3701	4233	5207	5192
16	中国台湾	3801	4161	5031	5419	4818
17	印度尼西亚	3151	2838	3867	4688	4586
18	巴西	2453	2416	3441	4116	4158
19	阿联酋	2306	2237	2783	3549	3916
20	菲律宾	2812	2898	3613	4180	3679
21	加拿大	2547	2917	3258	3523	3170
22	意大利	2310	2282	2798	3354	3128
23	沙特阿拉伯	1646	1948	1886	2499	3013
24	法国	2275	2561	2941	3018	2927
25	西班牙	1854	1907	2308	2768	2791
26	土耳其	1195	1409	1866	2244	2728
27	波兰	1647	1851	2345	2520	2613
28	比利时	1257	1437	1925	2361	2286
29	哈萨克斯坦	880	811	889	1086	1741
30	南非	1140	1055	1344	1591	1660
	＊欧洲联盟	29571	27078	33133	37185	35224
	＊东南亚国家联盟	24803	26547	30662	36805	36808

注：1. 按2023年总额降序排列，取前30名国家（地区）数据。

2. 2020年1月英国脱离欧盟，自2020年起，欧盟不包含英国数据。

3. 带"＊"数据不参与排序。

对主要国家（地区）出口总额（美元）

单位：亿美元

序号	国家（地区）	2000 年	2005 年	2010 年	2015 年	2020 年
	总　额	**2492**	**7620**	**15778**	**22735**	**25900**
1	美国	521	1629	2833	4092	4518
2	中国香港	444	1245	2183	3305	2726
3	日本	417	840	1210	1356	1426
4	韩国	113	351	688	1013	1125
5	越南	15	56	231	660	1138
6	印度	16	89	409	582	667
7	俄罗斯	22	132	296	348	505
8	德国	93	325	680	692	868
9	荷兰	67	259	497	595	790
10	马来西亚	26	106	238	440	563
11	墨西哥	13	55	179	338	448
12	英国	63	190	388	596	726
13	新加坡	58	166	323	519	576
14	泰国	22	78	197	383	505
15	澳大利亚	34	111	272	403	535
16	中国台湾	50	165	297	449	601
17	印度尼西亚	31	84	220	343	410
18	巴西	12	48	245	274	350
19	阿联酋	21	87	212	370	323
20	菲律宾	15	47	115	267	419
21	加拿大	32	117	222	294	421
22	意大利	38	117	311	278	329
23	沙特阿拉伯	11	38	104	216	281
24	法国	37	116	277	267	370
25	西班牙	21	84	182	219	275
26	土耳其	11	43	119	186	203
27	波兰	9	26	94	143	267
28	比利时	23	77	143	162	208
29	哈萨克斯坦	6	39	93	84	117
30	南非	10	38	108	159	152
	＊欧洲联盟	382	1437	3112	3558	3909
	＊东南亚国家联盟	173	554	1382	2773	3837

对主要国家（地区）出口总额（美元）

序号	国家（地区）	2019年	2020年	2021年	2022年	2023年
	总　　额	**24995**	**25900**	**33160**	**35444**	**33790**
1	美国	4187	4518	5672	5755	5002
2	中国香港	2792	2726	3465	2931	2741
3	日本	1432	1426	1646	1720	1575
4	韩国	1110	1125	1459	1605	1490
5	越南	979	1138	1362	1429	1376
6	印度	748	667	964	1167	1177
7	俄罗斯	497	505	672	755	1109
8	德国	798	868	1141	1156	1006
9	荷兰	740	790	1015	1172	1002
10	马来西亚	521	563	764	909	874
11	墨西哥	464	448	669	771	815
12	英国	624	726	854	806	779
13	新加坡	548	576	541	779	769
14	泰国	456	505	682	764	757
15	澳大利亚	482	535	655	779	738
16	中国台湾	551	601	779	815	685
17	印度尼西亚	456	410	598	703	652
18	巴西	355	350	533	618	591
19	阿联酋	334	323	431	531	557
20	菲律宾	408	419	559	626	524
21	加拿大	369	421	504	530	451
22	意大利	335	329	433	505	445
23	沙特阿拉伯	239	281	292	374	429
24	法国	330	370	455	454	416
25	西班牙	269	275	357	416	397
26	土耳其	173	203	289	337	389
27	波兰	239	267	363	378	372
28	比利时	182	208	298	353	326
29	哈萨克斯坦	127	117	138	162	247
30	南非	165	152	208	238	236
	＊欧洲联盟	4288	3909	5128	5582	5012
	＊东南亚国家联盟	3595	3837	4745	5510	5235

注：1. 按2023年总额降序排列，取前30名国家（地区）数据。

　　2. 2020年1月英国脱离欧盟，自2020年起，欧盟不包含英国数据。

　　3. 带"＊"数据不参与排序。

与欧盟国家进出口总额（人民币）

单位：亿元

序 号	国 家	2000年	2005年	2010年	2015年	2020年	2021年	2022年	2023年
	总 额	**5699**	**17878**	**32541**	**35073**	**44948**	**53098**	**56158**	**55053**
1	德国	1627	5206	9658	9741	13281	15100	15093	14543
2	荷兰	654	2368	3811	4239	6352	7459	8651	8231
3	法国	634	1703	3038	3195	4610	5443	5385	5550
4	意大利	569	1534	3062	2773	3818	4756	5149	5045
5	西班牙	226	866	1657	1703	2626	3103	3419	3413
6	波兰	－	260	756	1061	2150	2703	2857	2955
7	比利时	304	967	1502	1440	1978	2478	2940	2820
8	爱尔兰	59	379	367	442	1249	1441	1549	1532
9	捷克	－	168	600	685	1305	1366	1578	1514
10	瑞典	288	469	788	839	1241	1348	1367	1325
11	匈牙利	－	235	592	502	810	1014	1033	1022
12	丹麦	110	328	531	636	934	1151	1056	965
13	希腊	52	167	296	245	541	767	907	954
14	奥地利	65	205	413	464	695	889	891	884
15	斯洛伐克	－	40	254	313	655	781	807	813
16	罗马尼亚	－	137	255	277	538	657	694	742
17	葡萄牙	25	102	222	270	482	567	599	612
18	芬兰	264	514	645	436	495	589	653	576
19	斯洛文尼亚	－	27	106	148	274	383	493	471
20	保加利亚	－	44	67	111	202	265	273	296
21	克罗地亚	－	51	－	68	118	148	160	178
22	马耳他	－	44	164	175	122	176	169	174
23	立陶宛	－	31	69	84	159	169	125	147
24	拉脱维亚	－	24	57	72	87	89	93	89
25	爱沙尼亚	－	30	58	74	79	83	82	82
26	塞浦路斯	－	24	93	40	64	57	80	70
27	卢森堡	8	180	85	164	85	114	57	50
28	英国	814	2015	3396	4875	－	－	－	－

注：1. 按2023年总额降序排列。

2. 2020年1月英国脱离欧盟，自2020年起，欧盟不包含英国数据。

与欧盟国家进出口总额（美元）

单位：亿美元

序　号	国　　家	2000 年	2005 年	2010 年	2015 年	2020 年	2021 年	2022 年	2023 年
	总　额	**690**	**1957**	**4796**	**5646**	**6494**	**8217**	**8427**	**7829**
1	德国	196	633	1423	1568	1919	2336	2265	2067
2	荷兰	79	288	562	682	918	1155	1298	1171
3	法国	76	207	448	514	667	842	807	789
4	意大利	69	186	451	447	552	736	773	717
5	西班牙	27	105	244	274	379	480	513	486
6	波兰	–	32	111	171	311	418	429	420
7	比利时	37	117	221	232	286	384	440	402
8	爱尔兰	7	46	54	71	180	223	232	218
9	捷克	–	20	88	110	189	211	236	215
10	瑞典	35	57	116	135	179	209	205	188
11	匈牙利	–	29	87	81	117	157	155	145
12	丹麦	13	40	78	102	135	178	159	137
13	希腊	6	20	43	40	78	119	136	136
14	奥地利	8	25	61	75	100	138	134	125
15	斯洛伐克	–	5	37	50	95	121	121	115
16	罗马尼亚	–	17	38	45	78	102	104	106
17	葡萄牙	3	12	33	44	70	88	90	87
18	芬兰	32	63	95	70	71	91	98	82
19	斯洛文尼亚	–	3	16	24	40	59	74	67
20	保加利亚	–	5	10	18	29	41	41	42
21	克罗地亚	–	6	–	11	17	23	24	25
22	马耳他	–	5	24	28	18	27	25	25
23	立陶宛	–	4	10	13	23	26	19	21
24	拉脱维亚	–	3	8	12	13	14	14	13
25	爱沙尼亚	–	4	9	12	11	13	12	12
26	塞浦路斯	–	3	14	6	9	9	12	10
27	卢森堡	1	22	12	26	12	18	8	7
28	英国	98	245	501	785	–	–	–	–

注：1. 按 2023 年总额降序排列。

　　2. 2020 年 1 月英国脱离欧盟，自 2020 年起，欧盟不包含英国数据。

自欧盟国家进口总额（人民币）

单位：亿元

序　号	国　家	2000 年	2005 年	2010 年	2015 年	2020 年	2021 年	2022 年	2023 年
	总　额	2545	6059	11425	12980	17870	19965	18973	19828
1	德国	861	2531	5040	5448	7268	7728	7391	7474
2	法国	327	741	1162	1535	2048	2502	2367	2624
3	意大利	255	571	951	1045	1536	1958	1795	1917
4	爱尔兰	31	117	232	267	972	1138	1206	1223
5	荷兰	102	241	439	546	884	905	835	1194
6	瑞典	219	257	400	399	660	638	610	659
7	西班牙	51	171	423	347	718	794	651	623
8	奥地利	39	133	287	309	459	544	550	554
9	比利时	115	330	532	435	541	554	579	534
10	斯洛伐克	–	15	121	139	445	488	511	510
11	丹麦	46	98	180	254	416	451	381	391
12	捷克	–	31	117	173	355	391	361	368
13	芬兰	195	216	272	216	290	344	351	346
14	波兰	–	46	115	170	299	358	337	342
15	匈牙利	–	30	149	179	296	360	337	333
16	葡萄牙	4	27	51	91	192	223	202	205
17	罗马尼亚	–	–	51	80	182	227	205	199
18	保加利亚	–	–	22	46	95	116	84	111
19	希腊	4	7	27	18	53	63	56	58
20	马耳他	–	20	39	27	27	36	39	45
21	斯洛文尼亚	–	5	12	18	35	41	39	35
22	爱沙尼亚	–	5	12	15	19	18	20	24
23	拉脱维亚	–	1	3	9	14	15	25	19
24	卢森堡	4	12	18	19	19	20	22	19
25	克罗地亚	–	–	–	7	10	22	11	10
26	立陶宛	–	1	3	9	34	28	6	9
27	塞浦路斯	–	0	1	3	2	2	2	2
28	英国	293	454	767	1174	–	–	–	–

注：1. 按 2023 年总额降序排列。

　　2. 2020 年 1 月英国脱离欧盟，自 2020 年起，欧盟不包含英国数据。

自欧盟国家进口总额（美元）

单位：亿美元

序 号	国 家	2000 年	2005 年	2010 年	2015 年	2020 年	2021 年	2022 年	2023 年
	总 额	**308**	**736**	**1684**	**2088**	**2585**	**3089**	**2845**	**2817**
1	德国	104	307	743	876	1051	1195	1109	1062
2	法国	39	90	171	247	297	387	354	373
3	意大利	31	69	140	168	222	303	269	272
4	爱尔兰	4	14	34	43	140	176	181	174
5	荷兰	12	29	65	88	128	140	125	169
6	瑞典	26	31	59	64	95	99	91	94
7	西班牙	6	21	62	56	104	123	98	89
8	奥地利	5	16	42	50	66	84	82	78
9	比利时	14	40	78	70	78	86	87	76
10	斯洛伐克	–	2	18	22	64	75	77	72
11	丹麦	6	12	26	41	60	70	57	56
12	捷克	–	4	17	28	51	61	54	52
13	芬兰	24	26	40	35	42	53	53	49
14	波兰	–	6	17	27	43	55	51	49
15	匈牙利	–	4	22	29	43	56	50	47
16	葡萄牙	0	3	8	15	28	35	30	29
17	罗马尼亚	–	–	8	13	26	35	31	28
18	保加利亚	–	–	3	7	14	18	13	16
19	希腊	0	1	4	3	8	10	8	8
20	马耳他	–	2	6	4	4	6	6	6
21	斯洛文尼亚	–	1	2	3	5	6	6	5
22	爱沙尼亚	–	1	2	2	3	3	3	3
23	拉脱维亚	–	0	0	1	2	2	4	3
24	卢森堡	0	2	3	3	3	3	3	3
25	克罗地亚	–	–		1	1	3	2	1
26	立陶宛	–	0	0	1	5	4	1	1
27	塞浦路斯	–	0	0	0	0	0	0	0
28	英国	35	55	113	189	–	–	–	–

注：1. 按 2023 年总额降序排列。

2. 2020 年 1 月英国脱离欧盟，自 2020 年起，欧盟不包含英国数据。

对欧盟国家出口总额（人民币）

单位：亿元

序　号	国　　家	2000 年	2005 年	2010 年	2015 年	2020 年	2021 年	2022 年	2023 年
	总　　额	**3154**	**11819**	**21116**	**22093**	**27078**	**33133**	**37185**	**35224**
1	德国	767	2675	4618	4293	6013	7372	7701	7068
2	荷兰	552	2127	3372	3693	5468	6554	7816	7037
3	意大利	314	962	2112	1728	2282	2798	3354	3128
4	法国	307	957	1876	1660	2561	2941	3018	2927
5	西班牙	175	695	1234	1356	1907	2308	2768	2791
6	波兰	－	214	641	891	1851	2345	2520	2613
7	比利时	189	637	970	1005	1437	1925	2361	2286
8	捷克	－	137	483	512	950	975	1217	1146
9	希腊	48	159	269	228	488	704	851	896
10	匈牙利	－	205	442	323	514	654	697	689
11	瑞典	69	212	387	440	581	711	756	666
12	丹麦	65	230	352	381	518	701	674	574
13	罗马尼亚	－	－	204	196	355	430	489	544
14	斯洛文尼亚	5	22	94	130	239	342	454	435
15	葡萄牙	22	75	171	180	290	344	396	407
16	奥地利	26	73	126	155	236	345	341	330
17	爱尔兰	28	262	135	175	277	303	343	309
18	斯洛伐克	－	25	133	174	210	293	296	303
19	芬兰	69	298	373	220	205	245	301	230
20	保加利亚	－	－	45	65	107	149	189	186
21	克罗地亚	－	－	－	61	109	126	150	168
22	立陶宛	－	30	67	75	125	141	119	138
23	马耳他	－	25	125	148	95	140	130	129
24	拉脱维亚	－	23	54	63	73	74	68	69
25	塞浦路斯	－	24	91	37	62	56	78	67
26	爱沙尼亚	－	26	46	59	60	65	63	58
27	卢森堡	4	168	67	144	66	93	35	32
28	英国	522	1561	2630	3701	－	－	－	－

注：1. 按 2023 年总额降序排列。

　　2. 2020 年 1 月英国脱离欧盟，自 2020 年起，欧盟不包含英国数据。

对欧盟国家出口总额（美元）

单位：亿美元

序 号	国 家	2000 年	2005 年	2010 年	2015 年	2020 年	2021 年	2022 年	2023 年
	总 额	**382**	**1437**	**3112**	**3558**	**3909**	**5128**	**5582**	**5012**
1	德国	93	325	680	692	868	1141	1156	1006
2	荷兰	67	259	497	595	790	1015	1172	1002
3	意大利	38	117	311	278	329	433	505	445
4	法国	37	116	277	267	370	455	454	416
5	西班牙	21	84	182	219	275	357	416	397
6	波兰	–	26	94	143	267	363	378	372
7	比利时	23	77	143	162	208	298	353	326
8	捷克	–	17	71	82	137	151	182	163
9	希腊	6	19	40	37	70	109	128	128
10	匈牙利	–	25	65	52	74	101	104	98
11	瑞典	8	26	57	71	84	110	114	95
12	丹麦	8	28	52	62	75	108	102	82
13	罗马尼亚	–	–	30	32	51	67	73	77
14	斯洛文尼亚	–	3	14	21	35	53	68	62
15	葡萄牙	3	9	25	29	42	53	60	58
16	奥地利	3	9	19	25	34	53	51	47
17	爱尔兰	3	32	20	28	40	47	51	44
18	斯洛伐克	–	3	20	28	30	45	44	43
19	芬兰	8	36	55	35	29	38	45	33
20	保加利亚	–	–	7	10	15	23	28	26
21	克罗地亚	–	–	–	10	16	20	22	24
22	立陶宛	–	4	10	12	18	22	18	20
23	马耳他	–	3	18	24	14	22	20	18
24	拉脱维亚	–	3	8	10	11	11	10	10
25	塞浦路斯	–	3	13	6	9	9	12	10
26	爱沙尼亚	–	3	7	10	9	10	9	8
27	卢森堡	1	20	10	23	9	14	5	4
28	英国	63	190	388	596	–	–	–	–

注：1. 按 2023 年总额降序排列。

2. 2020 年 1 月英国脱离欧盟，自 2020 年起，欧盟不包含英国数据。

与东盟国家进出口总额（人民币）

单位：亿元

序　号	国　家	2000 年	2005 年	2010 年	2015 年	2020 年	2021 年	2022 年	2023 年
	总　额	**3260**	**10717**	**19863**	**29298**	**47406**	**56152**	**64015**	**64108**
1	越南	203	674	2039	5963	13283	14766	15421	16181
2	马来西亚	665	2523	5036	6034	9093	11264	13401	13387
5	印度尼西亚	614	1381	2899	3363	5432	7995	9898	9794
3	泰国	548	1793	3590	4686	6835	8398	8857	8874
4	新加坡	893	2725	3873	4936	6180	6000	7453	7613
6	菲律宾	259	1443	1883	2835	4234	5211	5711	5049
7	缅甸	50	99	301	939	1306	1188	1652	1469
8	柬埔寨	18	46	98	275	661	867	1041	1041
9	老挝	3	11	74	172	248	279	376	501
10	文莱	6	22	70	93	135	184	204	198

注：按 2023 年总额降序排列。

与东盟国家进出口总额（美元）

单位：亿美元

序　号	国　　家	2000 年	2005 年	2010 年	2015 年	2020 年	2021 年	2022 年	2023 年
	总　额	**394**	**1304**	**2929**	**4718**	**6853**	**8690**	**9585**	**9115**
1	越南	24	82	301	959	1923	2285	2309	2297
2	马来西亚	80	307	742	973	1315	1744	2006	1903
5	印度尼西亚	74	168	428	542	785	1238	1482	1393
3	泰国	66	218	529	755	987	1299	1330	1263
4	新加坡	108	331	571	795	892	929	1113	1083
6	菲律宾	31	176	278	456	612	807	856	719
7	缅甸	6	12	44	151	189	184	246	210
8	柬埔寨	2	6	14	44	96	134	157	148
9	老挝	0	1	11	28	36	43	56	71
10	文莱	1	3	10	15	19	28	31	28

注：按 2023 年总额降序排列。

自东盟国家进口总额（人民币）

单位：亿元

序 号	国 家	2000年	2005年	2010年	2015年	2020年	2021年	2022年	2023年
	总 额	**1830**	**6163**	**10490**	**12084**	**20858**	**25489**	**27209**	**27300**
1	马来西亚	453	1651	3421	3308	5201	6329	7327	7245
2	越南	76	210	473	1862	5414	5965	5885	6499
3	印度尼西亚	361	694	1410	1234	2594	4128	5211	5208
4	泰国	363	1150	2251	2308	3335	3989	3764	3552
5	新加坡	419	1358	1677	1711	2190	2506	2220	2209
6	菲律宾	139	1057	1100	1177	1337	1599	1531	1370
7	缅甸	10	23	65	340	439	523	776	669
8	老挝	1	2	41	96	144	173	224	264
9	柬埔寨	5	2	6	41	103	135	122	146
10	文莱	5	17	45	6	102	144	150	138

注：按2023年总额降序排列。

自东盟国家进口总额（美元）

单位：亿美元

序 号	国 家	2000 年	2005 年	2010 年	2015 年	2020 年	2021 年	2022 年	2023 年
	总 额	221	750	1547	1945	3016	3945	4075	3879
1	马来西亚	55	201	504	533	752	980	1097	1029
2	越南	9	26	70	298	785	923	879	921
3	印度尼西亚	44	84	208	199	375	639	779	741
4	泰国	44	140	332	372	481	617	566	506
5	新加坡	51	165	247	276	316	388	334	314
6	菲律宾	17	129	162	190	193	247	230	195
7	缅甸	1	3	10	54	63	81	115	96
8	老挝	0	0	6	15	21	27	34	38
9	柬埔寨	1	0	1	7	15	21	18	21
10	文莱	1	2	7	1	15	22	22	19

注：按 2023 年总额降序排列。

对东盟国家出口总额（人民币）

单位：亿元

序　号	国　家	2000年	2005年	2010年	2015年	2020年	2021年	2022年	2023年
	总　额	**1430**	**4554**	**9373**	**17214**	**26547**	**30662**	**36805**	**36808**
1	越南	127	464	1566	4101	7869	8801	9536	9683
2	马来西亚	212	872	1615	2726	3893	4936	6074	6142
3	新加坡	475	1367	2196	3225	3990	3495	5233	5404
4	泰国	186	643	1339	2378	3500	4409	5093	5321
5	印度尼西亚	253	688	1489	2129	2838	3867	4688	4586
6	菲律宾	121	386	783	1657	2898	3613	4180	3679
7	柬埔寨	13	44	91	234	558	731	919	895
8	缅甸	40	77	236	600	868	665	876	800
9	老挝	3	8	33	76	103	106	151	236
10	文莱	1	4	25	87	32	40	54	60

注：按2023年总额降序排列。

对东盟国家出口总额（美元）

单位：亿美元

序 号	国 家	2000 年	2005 年	2010 年	2015 年	2020 年	2021 年	2022 年	2023 年
	总 额	173	554	1382	2773	3837	4745	5510	5235
1	越南	15	56	231	660	1138	1362	1429	1376
2	马来西亚	26	106	238	440	563	764	909	874
3	新加坡	58	166	323	519	576	541	779	769
4	泰国	22	78	197	383	505	682	764	757
5	印度尼西亚	31	84	220	343	410	598	703	652
6	菲律宾	15	47	115	267	419	559	626	524
7	柬埔寨	2	5	13	38	81	113	138	128
8	缅甸	5	9	35	97	125	103	131	114
9	老挝	0	1	5	12	15	16	23	33
10	文莱	0	1	4	14	5	6	8	9

注：按 2023 年总额降序排列。

与"一带一路"沿线国家进出口总额（人民币）

单位：亿元

序号	国　家	2013 年	2014 年	2015 年	2016 年	2017 年	2018 年	2019 年	2020 年	2021 年	2022 年
	总　额	64594	68817	62216	62603	73814	83626	92737	93839	114931	136711
1	越南	4063	5138	5963	6498	8241	9773	11182	13283	14766	15421
2	马来西亚	6586	6265	6034	5745	6511	7163	8557	9093	11264	13401
3	俄罗斯	5540	5851	4225	4597	5705	7079	7652	7495	9480	12738
4	印度尼西亚	4245	3901	3363	3535	4288	5100	5503	5432	7995	9898
5	印度	4063	4334	4442	4629	5721	6293	6395	6066	8046	8935
6	泰国	4422	4460	4686	5002	5428	5769	6326	6835	8398	8857
7	沙特阿拉伯	4483	4242	3199	2789	3399	4184	5383	4650	5566	7694
8	新加坡	4715	4898	4936	4656	5368	5452	6211	6180	6000	7453
9	阿联酋	2869	3365	3011	2642	2782	3034	3363	3419	4627	6585
10	菲律宾	2359	2731	2835	3117	3475	3670	4204	4234	5211	5711
11	伊拉克	1544	1750	1276	1203	1502	2012	2304	2096	2392	3534
12	波兰	919	1056	1061	1164	1437	1620	1919	2150	2703	2857
13	阿曼	1423	1588	1064	938	1066	1437	1563	1296	2074	2682
14	土耳其	1379	1413	1336	1283	1484	1413	1436	1667	2193	2543
15	科威特	761	825	699	619	815	1231	1190	988	1421	2089
16	哈萨克斯坦	1775	1379	886	866	1214	1314	1519	1492	1618	2073
17	孟加拉国	640	770	913	1000	1088	1235	1265	1098	1606	1825
18	卡塔尔	631	650	427	365	546	769	767	755	1102	1767
19	巴基斯坦	882	983	1175	1263	1362	1257	1240	1209	1778	1736
20	以色列	672	668	708	749	890	914	1019	1215	1460	1681
21	缅甸	629	1534	939	812	913	1003	1289	1306	1188	1652
22	捷克	587	675	685	727	844	1080	1215	1305	1366	1578
23	埃及	634	714	799	724	734	913	910	1008	1273	1192
24	柬埔寨	234	231	275	314	392	488	650	661	867	1041
25	伊朗	2453	3185	2096	2065	2516	2297	1582	1035	942	1041
26	匈牙利	522	555	502	587	685	716	704	810	1014	1033
27	吉尔吉斯斯坦	319	325	270	375	368	371	439	202	475	1031
28	蒙古国	370	450	333	305	434	527	562	467	588	821
29	斯洛伐克	406	381	313	348	360	516	612	655	781	807
30	土库曼斯坦	623	643	535	389	471	557	627	452	475	748
31	罗马尼亚	250	292	277	324	379	440	476	538	657	694
32	乌兹别克斯坦	283	263	217	238	285	415	497	459	515	645

与"一带一路"沿线国家进出口总额（人民币）

序号	国　家	2013年	2014年	2015年	2016年	2017年	2018年	2019年	2020年	2021年	2022年
33	乌克兰	691	527	438	442	500	638	821	1031	1232	498
34	斯洛文尼亚	133	143	148	179	229	329	271	274	383	493
35	约旦	224	223	230	209	209	210	284	250	281	423
36	老挝	169	222	172	155	205	230	270	248	279	376
37	白俄罗斯	90	114	109	100	98	113	187	208	245	339
38	斯里兰卡	225	248	284	301	298	302	310	288	374	276
39	保加利亚	129	133	111	109	145	171	187	202	265	273
40	塞尔维亚	40	33	34	39	51	63	96	147	208	234
41	也门	323	315	144	123	156	172	254	247	195	224
42	文莱	111	119	93	48	67	121	76	135	184	204
43	塔吉克斯坦	121	155	115	116	91	100	116	74	118	170
44	黎巴嫩	158	162	143	140	138	133	117	68	96	167
45	克罗地亚	93	69	68	78	91	101	106	118	148	160
46	巴林	96	87	70	56	70	85	115	88	113	132
47	立陶宛	113	112	84	96	126	138	147	159	169	125
48	尼泊尔	140	143	53	59	67	73	105	82	124	110
49	拉脱维亚	92	90	72	79	90	91	89	87	89	93
50	格鲁吉亚	57	59	50	53	66	76	102	96	77	92
51	亚美尼亚	12	18	20	26	30	34	52	70	92	92
52	阿塞拜疆	68	58	41	50	66	60	101	92	77	91
53	爱沙尼亚	81	84	74	78	86	84	84	79	83	82
54	阿尔巴尼亚	35	35	35	42	44	43	48	45	48	59
55	阿富汗	21	25	23	29	37	46	43	38	34	40
56	马代夫	6	6	11	21	20	26	26	19	26	29
57	东帝汶	3	4	7	11	9	9	12	13	24	28
58	叙利亚	43	61	64	61	75	84	91	58	31	28
59	北马其顿	11	10	14	9	11	10	19	26	38	27
60	波黑	7	20	7	7	9	12	13	13	18	20
61	摩尔多瓦	8	9	8	7	9	10	12	14	14	19
62	黑山	6	13	10	9	13	14	11	12	7	18
63	不丹	1	1	1	0	0	1	1	1	7	11
64	巴勒斯坦	6	5	4	4	5	5	6	7	8	10

注：按2022年总额降序排列。自2023年起不再编制。

与"一带一路"沿线国家进出口总额（美元）

序号	国　家	2013年	2014年	2015年	2016年	2017年	2018年	2019年	2020年	2021年	2022年
	总　额	10405	11204	10024	9482	10899	12674	13447	13559	17789	20482
1	越南	655	836	959	983	1220	1478	1620	1923	2285	2309
2	马来西亚	1061	1020	973	869	961	1086	1241	1315	1744	2006
3	俄罗斯	893	953	680	696	842	1071	1109	1082	1468	1899
4	印度尼西亚	684	635	542	535	633	773	798	785	1238	1482
5	印度	654	706	716	702	844	955	928	877	1245	1342
6	泰国	712	726	755	757	801	875	917	987	1299	1330
7	沙特阿拉伯	722	691	516	423	501	633	781	672	862	1155
8	新加坡	759	797	795	705	793	828	900	892	929	1113
9	阿联酋	462	548	485	401	410	459	487	494	716	986
10	菲律宾	380	445	456	472	513	556	610	612	807	856
11	伊拉克	249	285	206	182	221	304	334	302	370	529
12	波兰	148	172	171	176	212	245	278	311	418	429
13	阿曼	229	259	172	142	157	218	227	187	321	403
14	土耳其	222	230	216	195	219	215	208	241	339	382
15	科威特	123	134	113	94	120	187	173	143	220	314
16	哈萨克斯坦	286	225	143	131	179	199	220	215	250	310
17	孟加拉国	103	125	147	152	160	187	184	159	249	275
18	卡塔尔	102	106	69	55	81	116	111	109	171	265
19	巴基斯坦	142	160	189	191	201	191	180	175	275	262
20	以色列	108	109	114	114	131	139	148	175	226	252
21	缅甸	102	250	151	123	135	152	187	189	184	246
22	捷克	95	110	110	110	125	163	176	189	211	236
23	埃及	102	116	129	110	108	138	132	146	197	179
24	柬埔寨	38	38	44	48	58	74	94	96	134	157
25	伊朗	394	518	338	312	371	350	230	149	146	156
26	匈牙利	84	90	81	89	101	109	102	117	157	155
27	吉尔吉斯斯坦	51	53	43	57	54	56	63	29	74	154
28	蒙古国	60	73	54	46	64	80	82	67	91	122
29	斯洛伐克	65	62	50	53	53	78	89	95	121	121
30	土库曼斯坦	100	105	86	59	69	84	91	65	74	112
31	罗马尼亚	40	47	45	49	56	67	69	78	102	104
32	乌兹别克斯坦	46	43	35	36	42	63	72	66	80	97

与"一带一路"沿线国家进出口总额（美元）

序号	国　家	2013年	2014年	2015年	2016年	2017年	2018年	2019年	2020年	2021年	2022年
33	乌克兰	111	86	71	67	74	97	119	149	191	76
34	斯洛文尼亚	21	23	24	27	34	50	39	40	59	74
35	约旦	36	36	37	32	31	32	41	36	43	64
36	老挝	27	36	28	23	30	35	39	36	43	56
37	白俄罗斯	15	18	18	15	14	17	27	30	38	50
38	斯里兰卡	36	40	46	46	44	46	45	42	58	42
39	保加利亚	21	22	18	16	21	26	27	29	41	41
40	塞尔维亚	6	5	5	6	8	10	14	21	32	35
41	也门	52	51	23	19	23	26	37	36	30	34
42	文莱	18	19	15	7	10	18	11	19	28	31
43	塔吉克斯坦	20	25	18	18	13	15	17	11	18	26
44	黎巴嫩	25	26	23	21	20	20	17	10	15	25
45	克罗地亚	15	11	11	12	13	15	15	17	23	24
46	巴林	15	14	11	9	10	13	17	13	18	20
47	立陶宛	18	18	13	15	19	21	21	23	26	19
48	尼泊尔	23	23	9	9	10	11	15	12	19	17
49	拉脱维亚	15	15	12	12	13	14	13	13	14	14
50	亚美尼亚	2	3	3	4	4	5	8	10	14	14
51	格鲁吉亚	9	10	8	8	10	11	15	14	12	14
52	阿塞拜疆	11	9	7	8	10	9	15	13	12	14
53	爱沙尼亚	13	14	12	12	13	13	12	11	13	12
54	阿尔巴尼亚	6	6	6	6	7	6	7	7	7	9
55	阿富汗	3	4	4	4	5	7	6	6	5	6
56	马尔代夫	1	1	2	3	3	4	4	3	4	4
57	东帝汶	0	1	1	2	1	1	2	2	4	4
58	叙利亚	7	10	10	9	11	13	13	8	5	4
59	北马其顿	2	2	2	1	2	2	3	4	6	4
60	波黑	1	3	1	1	1	2	2	2	3	3
61	摩尔多瓦	1	1	1	1	1	2	2	2	3	3
62	黑山	1	2	2	2	2	2	2	2	1	3
63	不丹	0	0	0	0	0	0	0	0	1	2
64	巴勒斯坦	1	1	1	1	1	1	1	1	1	2

注：按2022年总额降序排列。自2023年起不再编制。

自"一带一路"沿线国家进口总额（人民币）

单位：亿元

序号	国 家	2013年	2014年	2015年	2016年	2017年	2018年	2019年	2020年	2021年	2022年
	总 额	29268	29688	24092	24214	30751	37177	40144	39591	50073	59442
1	俄罗斯	2463	2554	2065	2130	2803	3913	4217	3995	5140	7655
2	马来西亚	3734	3418	3308	3257	3686	4170	4960	5201	6329	7327
3	越南	1048	1223	1862	2461	3395	4230	4432	5414	5965	5885
4	印度尼西亚	1952	1503	1234	1416	1933	2248	2352	2594	4128	5211
5	沙特阿拉伯	3319	2978	1860	1561	2151	3035	3737	2702	3680	5195
6	泰国	2391	2354	2308	2549	2816	2942	3181	3335	3989	3764
7	阿联酋	796	968	715	661	834	1077	1057	1182	1844	3035
8	伊拉克	1117	1274	785	705	936	1490	1651	1339	1722	2629
9	阿曼	1305	1461	933	796	908	1249	1355	1083	1846	2409
10	新加坡	1868	1894	1711	1720	2318	2222	2428	2190	2506	2220
11	科威特	595	614	466	421	604	1012	926	742	1146	1764
12	菲律宾	1128	1289	1177	1149	1302	1359	1392	1337	1599	1531
13	卡塔尔	525	512	286	265	433	605	601	573	853	1506
14	印度	1055	1004	830	777	1107	1242	1239	1454	1818	1160
15	哈萨克斯坦	996	598	363	318	431	564	639	681	729	987
16	缅甸	174	959	340	272	307	308	440	439	523	776
17	土库曼斯坦	552	584	485	366	446	536	598	421	442	691
18	蒙古国	218	313	235	239	350	418	435	355	446	629
19	以色列	197	193	174	210	285	304	356	435	486	597
20	斯洛伐克	214	208	139	159	175	348	410	445	488	511
21	伊朗	1578	1689	994	980	1257	1385	921	445	420	420
22	捷克	162	184	173	195	249	290	319	355	391	361
23	波兰	139	180	170	168	226	241	272	299	358	337
24	匈牙利	168	201	179	229	276	286	258	296	360	337
25	土耳其	276	228	183	184	256	248	241	258	326	299
26	乌克兰	203	214	220	164	159	174	311	554	632	283
27	巴基斯坦	199	169	153	126	124	143	124	147	232	227
28	老挝	63	109	96	90	109	133	149	144	173	224
29	罗马尼亚	75	94	80	96	123	143	160	182	227	205
30	乌兹别克斯坦	120	98	79	106	99	154	150	102	139	152
31	文莱	6	12	6	15	24	17	31	102	144	150
32	柬埔寨	23	30	41	55	68	91	99	103	135	122

自"一带一路"沿线国家进口总额（人民币）

序号	国　家	2013 年	2014 年	2015 年	2016 年	2017 年	2018 年	2019 年	2020 年	2021 年	2022 年
33	白俄罗斯	36	45	63	29	35	38	63	61	70	121
34	塞尔维亚	14	7	8	11	14	15	25	35	64	90
35	保加利亚	60	60	46	39	66	76	80	95	116	84
36	埃及	115	71	57	37	91	122	69	64	110	68
37	孟加拉国	37	47	51	57	59	65	71	55	68	65
38	亚美尼亚	5	10	13	18	20	20	37	55	70	60
39	约旦	11	16	18	14	19	14	30	30	27	50
40	也门	190	180	55	11	45	48	60	47	31	41
41	斯洛文尼亚	19	20	18	29	33	39	36	35	41	39
42	斯里兰卡	11	15	16	18	21	21	27	22	42	33
43	拉脱维亚	6	9	9	9	12	14	13	14	15	25
44	塔吉克斯坦	6	3	3	2	3	5	6	3	11	25
45	爱沙尼亚	12	14	15	14	18	16	21	19	18	20
46	阿塞拜疆	14	18	14	28	40	26	59	49	13	16
47	巴林	19	11	7	4	8	10	14	10	26	16
48	阿尔巴尼亚	15	12	8	9	13	7	7	6	11	12
49	北马其顿	7	6	8	3	6	3	10	16	24	12
50	克罗地亚	6	6	7	11	12	14	10	10	22	11
51	东帝汶	0	0	0	0	0	0	2	0	7	10
52	格鲁吉亚	3	3	3	4	5	4	6	7	12	10
53	波黑	1	2	3	3	4	5	5	5	9	8
54	立陶宛	8	10	9	11	17	22	30	34	28	6
55	摩尔多瓦	1	2	1	2	2	3	3	4	7	6
56	吉尔吉斯斯坦	4	3	4	5	6	4	5	2	5	5
57	黎巴嫩	3	2	1	1	2	3	2	2	3	4
58	黑山	1	3	2	2	4	3	3	4	1	3
59	阿富汗	1	1	1	0	0	2	2	4	3	3
60	尼泊尔	3	3	2	1	1	1	2	1	2	1
61	不丹	0	0	0	0	0	0	0	0	0	0
62	叙利亚	0	0	0	0	0	0	0	0	0	0
63	马尔代夫	0	0	0	0	0	0	2	0	0	0
64	巴勒斯坦	0	0	0	0	0	0	0	0	0	0

注：按 2022 年总额降序排列。自 2023 年起不再编制。

自“一带一路”沿线国家进口总额（美元）

单位：亿美元

序号	国 家	2013 年	2014 年	2015 年	2016 年	2017 年	2018 年	2019 年	2020 年	2021 年	2022 年
	总　额	4714	4834	3881	3662	4544	5630	5823	5722	7751	8910
1	俄罗斯	397	416	333	323	414	591	612	577	796	1144
2	马来西亚	602	557	533	493	544	632	719	752	980	1097
3	越南	169	199	298	372	504	640	641	785	923	879
4	沙特阿拉伯	535	485	300	236	318	459	542	391	570	781
5	印度尼西亚	314	245	199	214	286	341	341	375	639	779
6	泰国	385	383	372	385	416	446	462	481	617	566
7	阿联酋	128	158	115	100	123	162	153	171	286	454
8	伊拉克	180	208	127	107	138	225	239	193	267	394
9	阿曼	210	238	150	120	134	189	197	157	286	362
10	新加坡	301	308	276	260	342	337	352	316	388	334
11	科威特	96	100	75	64	89	153	134	107	178	265
12	菲律宾	182	210	190	174	192	206	202	193	247	230
13	卡塔尔	85	83	46	40	64	91	87	83	132	226
14	印度	170	164	134	118	163	188	180	210	281	175
15	哈萨克斯坦	161	97	58	48	64	85	93	98	113	149
16	缅甸	29	156	54	41	45	47	64	63	81	115
17	土库曼斯坦	89	95	78	56	66	81	87	61	68	103
18	蒙古国	35	51	38	36	52	63	63	51	69	93
19	以色列	32	31	28	32	42	46	52	63	75	90
20	斯洛伐克	35	34	22	24	26	52	60	64	75	77
21	伊朗	254	275	161	148	186	211	134	64	65	64
22	捷克	26	30	28	30	37	44	46	51	61	54
23	波兰	22	29	27	25	34	36	39	43	55	51
24	匈牙利	27	33	29	35	41	43	37	43	56	50
25	土耳其	45	37	29	28	38	38	35	37	50	45
26	乌克兰	33	35	36	25	23	26	45	80	98	43
27	巴基斯坦	12	15	13	15	21	22	18	21	36	34
28	老挝	10	18	15	14	16	20	22	21	27	34
29	罗马尼亚	32	28	25	19	18	22	23	26	35	31
30	乌兹别克斯坦	19	16	13	16	15	23	22	15	22	23
31	文莱	1	2	1	2	4	2	5	15	22	22
32	柬埔寨	4	5	7	8	10	14	14	15	21	18

自 "一带一路" 沿线国家进口总额（美元）

续表

序号	国　家	2013 年	2014 年	2015 年	2016 年	2017 年	2018 年	2019 年	2020 年	2021 年	2022 年
33	白俄罗斯	6	7	10	4	5	6	9	9	11	18
34	塞尔维亚	2	1	1	2	2	2	4	5	10	14
35	保加利亚	10	10	7	6	10	11	12	14	18	13
36	埃及	19	12	9	6	13	18	10	9	17	10
37	孟加拉国	6	8	8	9	9	10	10	8	10	10
38	亚美尼亚	1	2	2	3	3	3	5	8	11	9
39	约旦	2	3	3	2	3	2	4	4	4	7
40	也门	31	29	9	2	7	7	9	7	5	6
41	斯洛文尼亚	3	3	3	4	5	6	5	5	6	6
42	斯里兰卡	2	2	3	3	3	3	4	3	7	5
43	拉脱维亚	1	1	1	1	2	2	2	2	2	4
44	塔吉克斯坦	1	0	1	0	0	1	1	0	2	4
45	爱沙尼亚	2	2	2	2	3	2	3	3	3	3
46	巴林	3	2	1	1	1	2	2	1	4	3
47	阿塞拜疆	2	3	2	4	6	4	9	7	2	2
48	阿尔巴尼亚	2	2	1	1	2	1	1	1	2	2
49	北马其顿	0	0	0	0	0	0	1	2	4	2
50	克罗地亚	1	1	1	1	2	2	1	1	3	2
51	格鲁吉亚	1	1	0	1	1	1	1	1	2	1
52	东帝汶	0	0	0	0	0	0	0	0	1	1
53	波黑	0	0	1	0	1	1	1	1	1	1
54	立陶宛	1	2	1	2	3	3	4	5	4	1
55	摩尔多瓦	0	0	0	0	0	0	0	1	1	1
56	吉尔吉斯斯坦	1	1	1	1	1	1	1	0	1	1
57	黎巴嫩	1	1	1	0	1	0	0	0	0	1
58	黑山	0	1	0	0	0	0	0	1	0	0
59	阿富汗	0	0	0	0	0	0	0	1	0	0
60	尼泊尔	0	0	0	0	0	0	0	0	0	0
61	不丹	0	0	0	0	0	0	0	0	0	0
62	叙利亚	0	0	0	0	0	0	0	0	0	0
63	马尔代夫	0	0	0	0	0	0	0	0	0	0
64	巴勒斯坦	0	0	0	0	0	0	0	0	0	0

注：按 2022 年总额降序排列。自 2023 年起不再编制。

对"一带一路"沿线国家出口总额（人民币）

单位：亿元

序号	国　家	2013 年	2014 年	2015 年	2016 年	2017 年	2018 年	2019 年	2020 年	2021 年	2022 年
	总　额	35325	39129	38124	38389	43063	46450	52593	54248	64859	77269
1	越南	3015	3915	4101	4037	4845	5542	6750	7869	8801	9536
2	印度	3008	3330	3612	3851	4613	5052	5156	4613	6228	7775
3	马来西亚	2852	2847	2726	2488	2825	2994	3596	3893	4936	6074
4	新加坡	2847	3005	3225	2936	3050	3231	3783	3990	3495	5233
5	泰国	2031	2106	2378	2453	2611	2827	3145	3500	4409	5093
6	俄罗斯	3077	3297	2159	2467	2901	3166	3434	3501	4340	5083
7	印度尼西亚	2294	2399	2129	2119	2355	2852	3151	2838	3867	4688
8	菲律宾	1230	1442	1657	1968	2173	2310	2812	2898	3613	4180
9	阿联酋	2073	2397	2296	1981	1948	1957	2306	2237	2783	3549
10	波兰	781	876	891	997	1210	1379	1647	1851	2345	2520
11	沙特阿拉伯	1164	1264	1339	1229	1248	1149	1646	1948	1886	2499
12	土耳其	1102	1186	1153	1099	1228	1165	1195	1409	1866	2244
13	孟加拉国	603	724	862	943	1029	1170	1194	1042	1539	1760
14	巴基斯坦	684	814	1022	1136	1238	1114	1116	1063	1547	1509
15	捷克	424	491	512	532	595	790	896	950	975	1217
16	埃及	519	643	742	687	643	791	841	944	1163	1124
17	哈萨克斯坦	779	781	523	548	783	750	880	811	889	1086
18	以色列	475	475	534	539	605	611	663	780	974	1084
19	吉尔吉斯斯坦	315	322	266	371	362	367	435	200	470	1026
20	柬埔寨	212	201	234	259	324	396	550	558	731	919
21	伊拉克	427	475	491	498	566	522	652	757	670	905
22	缅甸	455	575	600	541	606	695	849	868	665	876
23	匈牙利	354	354	323	358	410	430	446	514	654	697
24	伊朗	875	1497	1101	1085	1259	912	661	591	522	622
25	乌兹别克斯坦	162	165	138	132	186	261	347	356	375	493
26	罗马尼亚	175	198	196	228	256	297	315	355	430	489
27	斯洛文尼亚	114	122	130	150	195	290	235	239	342	454
28	约旦	213	207	212	195	190	196	254	221	253	374
29	科威特	166	211	234	198	211	219	264	246	275	325
30	斯洛伐克	191	174	174	189	185	168	202	210	293	296
31	阿曼	118	127	131	141	157	188	208	213	227	273
32	卡塔尔	106	138	141	100	114	164	166	182	249	261

对"一带一路"沿线国家出口总额（人民币）

序号	国　　家	2013 年	2014 年	2015 年	2016 年	2017 年	2018 年	2019 年	2020 年	2021 年	2022 年
33	斯里兰卡	213	233	268	283	277	280	283	266	332	243
34	白俄罗斯	54	68	46	72	63	75	124	146	175	219
35	乌克兰	488	313	218	278	342	464	510	477	600	215
36	蒙古国	152	136	97	65	84	108	126	112	142	192
37	保加利亚	69	72	65	70	79	95	107	107	149	189
38	也门	133	135	89	111	112	124	194	200	164	182
39	黎巴嫩	155	160	142	138	137	130	116	65	93	162
40	老挝	106	113	76	65	96	96	122	103	106	151
41	克罗地亚	87	63	61	67	79	87	96	109	126	150
42	塔吉克斯坦	116	152	112	114	88	95	110	71	106	145
43	塞尔维亚	27	26	26	29	37	48	71	113	144	144
44	立陶宛	105	102	75	85	108	116	117	125	141	119
45	巴林	77	76	63	52	61	75	102	78	87	116
46	尼泊尔	137	140	51	57	65	71	103	81	122	108
47	格鲁吉亚	53	56	48	49	62	72	97	89	65	83
48	阿塞拜疆	54	40	27	23	26	34	43	43	64	75
49	拉脱维亚	85	81	63	70	78	77	75	73	74	68
50	爱沙尼亚	69	70	59	64	68	68	63	60	65	63
51	土库曼斯坦	71	59	50	22	25	21	30	31	33	57
52	文莱	106	107	87	34	43	105	45	32	40	54
53	阿尔巴尼亚	20	23	27	33	31	36	41	40	38	46
54	阿富汗	20	24	22	29	37	44	41	35	31	37
55	亚美尼亚	7	8	7	7	10	14	15	16	21	32
56	马尔代夫	6	6	11	21	20	26	24	19	25	29
57	叙利亚	43	60	63	60	75	84	91	58	31	28
58	东帝汶	3	4	7	11	9	9	10	13	16	18
59	北马其顿	4	5	5	6	5	7	9	11	14	16
60	黑山	5	10	8	7	9	12	8	8	6	14
61	摩尔多瓦	7	7	5	5	7	7	9	10	11	14
62	波黑	6	17	4	4	5	7	8	8	9	12
63	不丹	1	1	1	0	0	1	1	1	7	11
64	巴勒斯坦	6	5	4	4	5	5	6	7	8	10

注：按 2022 年总额降序排列。自 2023 年起不再编制。

对"一带一路"沿线国家出口总额（美元）

单位：亿美元

序号	国 家	2013年	2014年	2015年	2016年	2017年	2018年	2019年	2020年	2021年	2022年
	总 额	5690	6370	6143	5819	6356	7043	7624	7836	10038	11573
1	越南	486	637	660	611	716	839	979	1138	1362	1429
2	印度	484	542	582	584	680	767	748	667	964	1167
3	马来西亚	459	464	440	377	417	454	521	563	764	909
4	新加坡	458	489	519	445	450	490	548	576	541	779
5	泰国	327	343	383	372	385	429	456	505	682	764
6	俄罗斯	496	537	348	374	428	480	497	505	672	755
7	印度尼西亚	369	391	343	321	348	432	456	410	598	703
8	菲律宾	199	235	267	298	321	350	408	419	559	626
9	阿联酋	334	390	370	301	287	297	334	323	431	531
10	波兰	126	143	143	151	179	209	239	267	363	378
11	沙特阿拉伯	187	206	216	187	184	174	239	281	292	374
12	土耳其	177	193	186	167	181	178	173	203	289	337
13	孟加拉国	97	118	139	143	152	178	173	151	238	265
14	巴基斯坦	110	132	164	172	183	169	162	154	239	227
15	捷克	68	80	82	81	88	119	130	137	151	182
16	埃及	84	105	120	104	95	120	122	136	180	169
17	以色列	76	77	86	82	89	93	96	113	151	163
18	哈萨克斯坦	125	127	84	83	116	114	127	117	138	162
19	吉尔吉斯斯坦	51	52	43	56	53	56	63	29	73	153
20	柬埔寨	34	33	38	39	48	60	80	81	113	138
21	伊拉克	69	77	79	75	83	79	95	109	104	135
22	缅甸	73	94	97	82	89	105	123	125	103	131
23	匈牙利	57	58	52	54	60	65	65	74	101	104
24	伊朗	140	243	178	164	186	139	96	85	81	93
25	乌兹别克斯坦	26	27	22	20	27	39	50	51	58	74
26	罗马尼亚	28	32	32	34	38	45	46	51	67	73
27	斯洛文尼亚	18	20	21	23	29	44	34	35	53	68
28	约旦	34	34	34	30	28	30	37	32	39	56
29	科威特	27	34	38	30	31	33	38	35	43	49
30	斯洛伐克	31	28	28	29	27	25	29	30	45	44
31	阿曼	19	21	21	21	23	29	30	31	35	41
32	卡塔尔	17	23	23	15	17	25	24	26	39	39

对"一带一路"沿线国家出口总额（美元）

序号	国　家	2013 年	2014 年	2015 年	2016 年	2017 年	2018 年	2019 年	2020 年	2021 年	2022 年
33	斯里兰卡	34	38	43	43	41	43	41	38	51	37
34	乌克兰	78	51	35	42	50	70	74	69	93	33
35	白俄罗斯	9	11	7	11	9	11	18	21	27	32
36	蒙古国	24	22	16	10	12	16	18	16	22	29
37	保加利亚	11	12	10	11	12	14	16	15	23	28
38	也门	21	22	14	17	16	19	28	29	25	27
39	黎巴嫩	25	26	23	21	20	20	17	9	14	24
40	老挝	17	18	12	10	14	15	18	15	16	23
41	克罗地亚	14	10	10	10	12	13	14	16	20	22
42	塔吉克斯坦	19	25	18	17	13	14	16	10	16	22
43	塞尔维亚	4	4	4	4	5	7	10	16	22	22
44	立陶宛	17	17	12	13	16	18	17	18	22	18
45	巴林	12	12	10	8	9	11	15	11	14	17
46	尼泊尔	22	23	8	9	10	11	15	12	19	16
47	格鲁吉亚	9	9	8	7	9	11	14	13	10	12
48	阿塞拜疆	9	6	4	3	4	5	6	6	10	11
49	拉脱维亚	14	13	10	11	11	12	11	11	11	10
50	爱沙尼亚	11	11	10	10	10	10	9	9	10	9
51	土库曼斯坦	11	10	8	3	4	3	4	4	5	9
52	文莱	17	17	14	5	6	16	6	5	6	8
53	阿尔巴尼亚	3	4	4	5	5	5	6	6	6	7
54	阿富汗	3	4	4	4	5	7	6	5	5	5
55	亚美尼亚	1	1	1	1	1	2	2	2	3	5
56	马尔代夫	1	1	2	3	3	4	3	3	4	4
57	叙利亚	7	10	10	9	11	13	13	8	5	4
58	东帝汶	0	1	1	2	1	1	1	2	3	3
59	北马其顿	1	1	1	1	1	1	1	2	2	2
60	黑山	1	2	1	1	1	2	1	1	1	2
61	摩尔多瓦	1	1	1	1	1	1	1	1	2	2
62	波黑	1	3	1	1	1	1	1	1	1	2
63	不丹	0	0	0	0	0	0	0	0	1	2
64	巴勒斯坦	1	1	1	1	1	1	1	1	1	2

注：按 2022 年总额降序排列。自 2023 年起不再编制。

与共建"一带一路"国家进出口总额

单位：亿元；亿美元

年 份	人民币			美元值		
	进出口	进 口	出 口	进出口	进 口	出 口
2022 年	189470	89076	100395	28405	13363	15042
2023 年	194689	87400	107290	27685	12426	15258

注：共建"一带一路"国家口径从2023年开始使用，为方便数据比较，列出了2022年数据。

中美贸易数据对比

单位：亿美元

年 份	中国自美国进口	美国对中国出口	中国对美国出口	美国自中国进口
2000	222	163	520	1076
2001	262	192	543	1094
2002	272	221	699	1335
2003	339	284	925	1633
2004	447	344	1249	2105
2005	486	412	1629	2598
2006	592	537	2034	3058
2007	694	629	2327	3400
2008	814	697	2524	3563
2009	775	695	2208	3095
2010	1021	919	2833	3830
2011	1221	1041	3245	4174
2012	1329	1105	3518	4444
2013	1526	1217	3684	4592
2014	1591	1237	3961	4881
2015	1478	1159	4092	5040
2016	1344	1156	3851	4814
2017	1539	1300	4297	5257
2018	1551	1203	4784	5620
2019	1229	1065	4187	4693
2020	1353	1246	4517	4542
2021	1784	1514	5672	5393
2022	1762	1541	5755	5752
2023	1637	1478	5002	4477

注：美国自中国进口数据、美国对中国出口数据2021年前来源于全球贸易综合分析系统（GTAS），2021年后来源于全球贸易观察系统（GTF）。

三、

商 品

主要商品进口量值（人民币）

年 份	机电产品*		高新技术产品*		集成电路		原油	
	数量	金额 （亿元）	数量	金额 （亿元）	数量 （亿个）	金额 （亿元）	数量 （万吨）	金额 （亿元）
2011	－	48894	－	29888	2141	11044	25378	12774
2012	－	49407	－	32015	2418	12132	27103	13941
2013	－	52131	－	34634	2663	14359	28195	13638
2014	－	52496	－	33866	2860	13366	30837	14016
2015	－	50111	－	34073	3140	14294	33548	8326
2016	－	50985	－	34618	3425	15005	38101	7698
2017	－	57785	－	39501	3770	17592	41957	11003
2018	－	63727	－	44340	4176	20584	46190	15882
2019	－	62605	－	43987	4451	21078	50568	16702
2020	－	65625	－	47160	5435	24207	54239	12218
2021	－	73274	－	53869	6341	27864	51292	16694
2022	－	69176	－	50535	5377	27497	50823	24369
2023	－	65328	－	47878	4791	24580	56394	23754

主要商品进口量值（人民币）

续表1

年 份	农产品*		铁矿砂及其精矿		初级形状的塑料		汽车	
	数量	金额 （亿元）	数量 （万吨）	金额 （亿元）	数量 （万吨）	金额 （亿元）	数量 （万辆）	金额 （亿元）
2011	－	6087	68575	7303	2304	3065	104	2803
2012	－	7041	74360	6045	2371	2916	113	2996
2013	－	7363	81914	6587	2462	3046	119	3020
2014	－	7465	93251	5739	2535	3167	142	3725
2015	－	7196	95245	3562	2610	2791	110	2773
2016	－	7307	102412	3809	2570	2731	107	2942
2017	－	8450	107474	5175	2868	3284	124	3422
2018	－	9006	106447	4984	3284	3718	113	3331
2019	－	10333	106865	6986	3691	3671	105	3332
2020	－	11832	117010	8229	4063	3628	93	3216
2021	－	14177	112007	11752	3395	3950	94	3489
2022	－	15668	110616	8473	3057	3734	88	3527
2023	－	16408	117839	9536	2960	3181	80	3321

主要商品进口量值（人民币）

续表2

年　份	粮食		天然气		计量检测分析自控仪器及器具		未锻轧铜及铜材	
	数量（万吨）	金额（亿元）	数量（万吨）	金额（亿元）	数量	金额（亿元）	数量（万吨）	金额（亿元）
2011	6376	2180	2257	674	－	1708	407	2386
2012	8025	2661	3048	1064	－	1761	465	2438
2013	8645	2829	3808	1273	－	1756	450	2176
2014	10043	3010	4285	1464	－	1903	483	2185
2015	12477	2899	4430	1146	－	1793	481	1802
2016	11468	2742	5403	1089	－	1985	495	1741
2017	13062	3260	6857	1574	－	2221	469	2115
2018	11556	3013	9039	2552	－	2531	530	2469
2019	11145	2895	9651	2873	－	2577	498	2240
2020	14262	3524	10166	2315	－	2795	668	2988
2021	16374	4807	12127	3595	－	2852	553	3389
2022	14501	5422	10917	4684	－	2881	587	3606
2023	16116	5742	11986	4524	－	2946	550	3354

主要商品进口量值（人民币）

续表3

年　份	汽车零配件		自动数据处理设备及其零部件		铜矿砂及其精矿		医药材及药品	
	数量	金额（亿元）	数量	金额（亿元）	数量（万吨）	金额（亿元）	数量（万吨）	金额（亿元）
2011	－	1432	－	3140	638	994	9	734
2012	－	1453	－	3421	783	1070	10	877
2013	－	1782	－	2964	1007	1212	10	1007
2014	－	1982	－	3038	1181	1320	11	1173
2015	－	1711	－	2709	1329	1171	11	1265
2016	－	1980	－	2651	1696	1366	12	1462
2017	－	2156	－	2820	1735	1785	14	1815
2018	－	2309	－	3398	1972	2128	15	1957
2019	－	2112	－	3558	2198	2337	16	2462
2020	－	2246	－	3814	2177	2372	22	2579
2021	－	2436	－	4339	2328	3663	23	2885
2022	－	2074	－	3753	2523	3714	29	2860
2023	－	1935	－	3555	2753	4210	38	3641

主要商品进口量值（人民币）

年 份	飞机及其他 航空器		电气控制装置		液晶平板显示模组		煤及褐煤	
	数量 （架）	金额 （亿元）	数量	金额 （亿元）	数量 （亿个）	金额 （亿元）	数量 （万吨）	金额 （亿元）
2011	421	756	－	1160	28	3062	22224	1547
2012	517	991	－	1126	36	3177	28841	1813
2013	742	1295	－	1168	34	3079	32702	1805
2014	10771	1595	－	1265	30	2688	29122	1366
2015	68274	1520	－	1178	28	2466	20406	750
2016	7385	1351	－	1269	24	2105	25551	938
2017	14266	1558	－	1408	24	2042	27090	1536
2018	1238	1841	－	1424	22	1723	28123	1613
2019	957	1103	－	1409	19	1431	29952	1605
2020	718	496	－	1489	19	1321	30399	1411
2021	571	566	－	1564	18	1364	32294	2337
2022	44818	526	－	1432	15	1001	29320	2860
2023	60181	578	－	1274	13	837	47433	3730

主要商品进口量值（人民币）

年 份	二极管及类似 半导体器件		成品油		纸浆	
	数量 （亿个）	金额 （亿元）	数量 （万吨）	金额 （亿元）	数量 （万吨）	金额 （亿元）
2011	3178	1131	4060	2129	1445	776
2012	3513	1126	3982	2088	1646	693
2013	3740	1327	3959	1987	1685	706
2014	5281	1446	3000	1440	1796	741
2015	5123	1376	2990	882	1984	792
2016	4828	1323	2784	735	2106	808
2017	5172	1398	2964	982	2372	1039
2018	5235	1427	3348	1333	2479	1300
2019	4789	1345	3056	1175	2718	1178
2020	5432	1623	2835	818	3063	1088
2021	7491	1914	2712	1080	2967	1295
2022	5947	1920	2645	1310	2916	1492
2023	4531	1656	4777	1971	3666	1665

主要商品进口量值（人民币）

年 份	纺织纱线、织物及制品		二甲苯		钢材	
	数量	金额（亿元）	数量（万吨）	金额（亿元）	数量（万吨）	金额（亿元）
2011	－	1235	562	559	1558	1402
2012	－	1258	701	673	1366	1124
2013	－	1345	965	913	1408	1058
2014	－	1251	1028	790	1443	1101
2015	－	1183	1206	631	1278	889
2016	－	1106	1267	655	1321	869
2017	－	1176	1481	844	1330	1027
2018	－	1178	1621	1140	1317	1083
2019	－	1081	1512	959	1230	973
2020	－	978	1407	574	2023	1165
2021	－	1014	1388	759	1427	1210
2022	－	788	1069	772	1056	1135
2023	－	827	920	672	765	891

主要商品进口量值（人民币）

年 份	电容器		印刷电路	
	数量（万吨）	金额（亿元）	数量（亿块）	金额（亿元）
2011	9	560	396	909
2012	8	538	413	914
2013	8	690	401	846
2014	8	698	406	824
2015	8	630	386	754
2016	7	527	398	681
2017	8	581	452	783
2018	8	825	455	820
2019	7	665	445	777
2020	7	774	465	752
2021	8	850	531	793
2022	6	680	354	713
2023	5	625	309	561

注：1. 部分商品因数量单位不统一，故无数量数据。
  2. 2018 年，世界海关组织协调制度委员会通过决议，将无人机按功能归入"其他"类别，不再归入"航空器"，2022 年增设"无人驾驶航空器"商品编码，再次归入"航空器"，因此"飞机及其他航空器"数量波动较大。
  3. 2020 年，"机电产品""电气控制装置""汽车零配件""二极管及类似半导体器件"商品范围调整；2021 年起，"粮食"商品范围调整。
  4. 2020 年起，"医药品"修改为"医药材及药品"；2022 年起，"液晶显示板"修改为"液晶平板显示模组"。

主要商品进口量值（美元）

年　份	机电产品*		高新技术产品*		集成电路		原油	
	数量	金额 （亿美元）	数量	金额 （亿美元）	数量 （亿个）	金额 （亿美元）	数量 （万吨）	金额 （亿美元）
2011	—	7533	—	4606	2141	1702	25378	1968
2012	—	7826	—	5071	2418	1921	27103	2208
2013	—	8399	—	5579	2663	2312	28195	2197
2014	—	8541	—	5512	2860	2176	30837	2283
2015	—	8061	—	5481	3140	2299	33548	1343
2016	—	7714	—	5238	3425	2270	38101	1165
2017	—	8545	—	5840	3770	2601	41957	1623
2018	—	9656	—	6715	4176	3121	46190	2403
2019	—	9079	—	6378	4451	3055	50568	2424
2020	—	9492	—	6822	5435	3500	54239	1763
2021	—	11340	—	8339	6341	4315	51292	2585
2022	—	10388	—	7587	5377	4132	50823	3658
2023	—	9275	—	6799	4791	3492	56394	3378

主要商品进口量值（美元）

续表1

年　份	农产品*		铁矿砂及其精矿		初级形状的塑料		汽车	
	数量	金额 （亿美元）	数量 （万吨）	金额 （亿美元）	数量 （万吨）	金额 （亿美元）	数量 （万辆）	金额 （亿美元）
2011	—	938	68575	1124	2304	472	104	432
2012	—	1115	74360	957	2371	462	113	475
2013	—	1187	81914	1061	2462	491	119	487
2014	—	1216	93251	935	2535	516	142	606
2015	—	1160	95245	574	2610	450	110	447
2016	—	1106	102412	577	2570	413	107	445
2017	—	1247	107474	763	2868	485	124	505
2018	—	1367	106447	755	3284	564	113	505
2019	—	1499	106865	1013	3691	533	105	484
2020	—	1708	117010	1189	4063	524	93	463
2021	—	2193	112007	1817	3395	611	94	539
2022	—	2349	110616	1277	3057	562	88	532
2023	—	2335	117839	1356	2960	453	80	471

主要商品进口量值（美元）

年 份	粮食		天然气		计量检测分析自控仪器及器具		未锻轧铜及铜材	
	数量（万吨）	金额（亿美元）	数量（万吨）	金额（亿美元）	数量	金额（亿美元）	数量（万吨）	金额（亿美元）
2011	6376	336	2257	104	–	263	407	368
2012	8025	421	3048	168	–	279	465	386
2013	8645	456	3808	205	–	283	450	351
2014	10043	490	4285	238	–	309	483	356
2015	12477	468	4430	185	–	289	481	290
2016	11468	415	5403	165	–	301	495	264
2017	13062	481	6857	233	–	329	469	313
2018	11556	459	9039	385	–	384	530	375
2019	11145	420	9651	417	–	374	498	325
·2020	14262	508	10166	335	–	404	668	432
2021	16374	744	12127	557	–	441	553	525
2022	14501	815	10917	700	–	432	587	543
2023	16116	818	11986	644	–	418	550	477

主要商品进口量值（美元）

年 份	汽车零配件		自动数据处理设备及其零部件		铜矿砂及其精矿		医药材及药品	
	数量	金额（亿美元）	数量	金额（亿美元）	数量（万吨）	金额（亿美元）	数量（万吨）	金额（亿美元）
2011	–	221	–	484	638	153	9	113
2012	–	230	–	541	783	170	10	139
2013	–	287	–	477	1007	195	10	162
2014	–	322	–	494	1181	215	11	191
2015	–	275	–	437	1329	189	11	203
2016	–	299	–	401	1696	207	12	221
2017	–	319	–	417	1735	264	14	268
2018	–	351	–	515	1972	323	15	296
2019	–	306	–	517	2198	339	16	357
2020	–	324	–	551	2177	343	22	372
2021	–	376	–	672	2328	567	23	447
2022	–	312	–	565	2523	560	29	427
2023	–	275	–	504	2753	599	38	518

主要商品进口量值（美元）

年 份	飞机及其他航空器		电气控制装置		液晶平板显示模组		煤及褐煤	
	数量（架）	金额（亿美元）	数量	金额（亿美元）	数量（亿个）	金额（亿美元）	数量（万吨）	金额（亿美元）
2011	421	116	－	179	28	472	22224	239
2012	517	157	－	178	36	503	28841	287
2013	742	209	－	188	34	496	32702	290
2014	10771	260	－	206	30	438	29122	223
2015	68274	244	－	190	28	397	20406	121
2016	7385	204	－	192	24	318	25551	142
2017	14266	231	－	208	24	301	27090	226
2018	1238	276	－	216	22	261	28123	246
2019	957	160	－	204	19	208	29952	234
2020	718	73	－	215	19	191	30399	202
2021	571	88	－	242	18	211	32294	362
2022	44818	78	－	215	15	151	29320	427
2023	60181	83	－	181	13	119	47433	531

主要商品进口量值（美元）

年 份	二极管及类似半导体器件		成品油		纸浆	
	数量（亿个）	金额（亿美元）	数量（万吨）	金额（亿美元）	数量（万吨）	金额（亿美元）
2011	3178	174	4060	328	1445	119
2012	3513	178	3982	331	1646	110
2013	3740	214	3959	320	1685	114
2014	5281	235	3000	234	1796	121
2015	5123	221	2990	142	1984	128
2016	4828	200	2784	111	2106	122
2017	5172	206	2964	145	2372	153
2018	5235	217	3348	202	2479	197
2019	4789	195	3056	171	2718	171
2020	5432	235	2835	118	3063	157
2021	7491	296	2712	167	2967	200
2022	5947	288	2645	196	2916	223
2023	4531	235	4777	280	3666	237

主要商品进口量值（美元）

年　份	纺织纱线、织物及制品		二甲苯		钢材	
	数量	金额（亿美元）	数量（万吨）	金额（亿美元）	数量（万吨）	金额（亿美元）
2011	－	190	562	86	1558	216
2012	－	199	701	107	1366	178
2013	－	217	965	147	1408	171
2014	－	204	1028	129	1443	179
2015	－	191	1206	102	1278	143
2016	－	167	1267	99	1321	132
2017	－	174	1481	125	1330	152
2018	－	179	1621	172	1317	164
2019	－	157	1512	140	1230	141
2020	－	141	1407	83	2023	168
2021	－	157	1388	117	1427	187
2022	－	119	1069	117	1056	171
2023	－	117	920	96	765	127

主要商品进口量值（美元）

年　份	电容器		印刷电路	
	数量（万吨）	金额（亿美元）	数量（亿块）	金额（亿美元）
2011	9	86	396	140
2012	8	85	413	145
2013	8	111	401	136
2014	8	114	406	134
2015	8	101	386	121
2016	7	80	398	103
2017	8	86	452	116
2018	8	125	455	124
2019	7	96	445	113
2020	7	112	465	109
2021	8	132	531	123
2022	6	102	354	107
2023	5	89	309	80

注：1. 部分商品因数量单位不统一，故无数量数据。
　　2. 2018 年，世界海关组织协调制度委员会通过决议，将无人机按功能归入"其他"类别，不再归入"航空器"，2022 年增设"无人驾驶航空器"商品编码，再次归入"航空器"，因此"飞机及其他航空器"数量波动较大。
　　3. 2020 年，"机电产品""电气控制装置""汽车零配件""二极管及类似半导体器件"商品范围调整；2021 年起，"粮食"商品范围调整。
　　4. 2020 年起，"医药品"修改为"医药材及药品"；2022 年起，"液晶显示板"修改为"液晶平板显示模组"。

主要商品出口量值（人民币）

年 份	机电产品*		高新技术产品*		自动数据处理设备及其零部件		服装及衣着附件	
	数量	金额（亿元）	数量	金额（亿元）	数量	金额（亿元）	数量	金额（亿元）
2011	–	70121	–	35518	–	13377	–	9942
2012	–	74463	–	37955	–	13571	–	10050
2013	–	78532	–	40978	–	13080	–	10981
2014	–	80527	–	40567	–	13029	–	11445
2015	–	81421	–	40737	–	11202	–	10816
2016	–	79820	–	39876	–	10719	–	10413
2017	–	89465	–	45150	–	12947	–	10656
2018	–	96457	–	49374	–	14277	–	10413
2019	–	100626	–	50424	–	13580	–	10446
2020	–	106608	–	53692	–	15020	–	9520
2021	–	126817	–	62960	–	16439	–	10801
2022	–	135216	–	62921	–	15666	–	11522
2023	–	139104	–	59240	–	13181	–	11167

主要商品出口量值（人民币）

续表1

年 份	手机		纺织纱线、织物及制品		集成电路		农产品*	
	数量（亿台）	金额（亿元）	数量	金额（亿元）	数量（亿个）	金额（亿元）	数量	金额（亿元）
2011	10	4199	–	6149	905	2113	–	3902
2012	11	5240	–	6046	1182	3374	–	3952
2013	13	6024	–	6638	1427	5449	–	4164
2014	14	7202	–	6887	1535	3739	–	4382
2015	14	7821	–	6794	1828	4295	–	4361
2016	14	7745	–	6925	1809	4029	–	4793
2017	13	8599	–	7441	2044	4526	–	5087
2018	12	9446	–	7851	2171	5591	–	5238
2019	11	8720	–	8282	2187	7008	–	5420
2020	10	8728	–	10761	2598	8056	–	5266
2021	10	9531	–	9307	3093	9864	–	5443
2022	9	9622	–	9754	2727	10074	–	6544
2023	8	9792	–	9442	2670	9564	–	6958

主要商品出口量值（人民币）

年 份	钢材		汽车零配件		家具及其零件		鞋类	
	数量（万吨）	金额（亿元）	数量	金额（亿元）	数量	金额（亿元）	数量（万吨）	金额（亿元）
2011	4888	3333	－	2456	－	2463	－	2709
2012	5573	3252	－	2624	－	3082	－	2956
2013	6233	3306	－	2815	－	3219	467	3150
2014	9378	4350	－	3022	－	3195	488	3455
2015	11239	3889	－	2904	－	3276	447	3318
2016	10849	3587	－	3007	－	3151	422	3113
2017	7541	3700	－	3365	－	3385	450	3269
2018	6934	3984	－	3628	－	3544	448	3095
2019	6429	3699	－	3654	－	3730	451	3290
2020	5367	3151	－	3909	－	4039	346	2639
2021	6615	5125	－	4855	－	4644	424	3277
2022	6628	6135	－	5366	－	4506	421	3769
2023	9026	5928	－	6164	－	4516	412	3466

主要商品出口量值（人民币）

年 份	塑料制品		成品油		灯具、照明装置及零件	
	数量（万吨）	金额（亿元）	数量（万吨）	金额（亿元）	数量	金额（亿元）
2011	795	1522	2570	1351	－	820
2012	851	1993	2427	1346	－	1234
2013	896	2191	2851	1524	－	1529
2014	951	2278	2968	1583	－	1911
2015	973	2341	3615	1184	－	2215
2016	1040	2354	4831	1275	－	1978
2017	1168	2628	5216	1722	－	1932
2018	1312	2870	5864	2363	－	1989
2019	1423	3332	6685	2646	－	2271
2020	2135	5309	6183	1770	－	2602
2021	2463	6216	6030	2103	－	3011
2022	2456	6993	5371	3226	－	2954
2023	2574	7075	6266	3400	－	2971

主要商品出口量值（人民币）

续表4

年 份	电气控制装置		箱包及类似容器		二极管及类似半导体器件		玩具	
	数量	金额（亿元）	数量（万吨）	金额（亿元）	数量（亿个）	金额（亿元）	数量	金额（亿元）
2011	－	936	327	1553	3122	2187	－	702
2012	－	1040	302	1598	3239	1536	－	723
2013	－	1119	302	1713	3516	1557	－	767
2014	－	1282	300	1666	5672	1742	－	869
2015	－	1292	284	1750	7223	1831	－	973
2016	－	1391	279	1644	7026	1600	－	1216
2017	－	1555	310	1807	5953	1635	－	1621
2018	－	1679	316	1787	5810	1749	－	1662
2019	－	1809	307	1878	5349	2211	－	2152
2020	－	1842	201	1429	5796	2390	－	2317
2021	－	2176	240	1731	7547	3065	－	2819
2022	－	2382	292	2299	6528	4258	－	3086
2023	－	2447	331	2508	5924	4211	－	2856

主要商品出口量值（人民币）

续表5

年 份	液晶平板显示模组		水产品		陶瓷产品		电线和电缆	
	数量（亿个）	金额（亿元）	数量（万吨）	金额（亿元）	数量（万吨）	金额（亿元）	数量（万吨）	金额（亿元）
2011	24	1915	288	714	2429	911	180	966
2012	32	2289	368	1144	2494	1057	186	1048
2013	33	2228	384	1206	2541	1189	195	1142
2014	25	1952	403	1282	2598	1356	217	1288
2015	23	1923	391	1216	2526	1619	217	1247
2016	19	1700	409	1319	2344	1208	224	1294
2017	19	1737	427	1412	2342	1303	241	1402
2018	18	1527	425	1454	2260	1426	242	1425
2019	15	1475	419	1401	2122	1735	229	1412
2020	13	1370	375	1298	1768	1737	207	1279
2021	14	1786	374	1393	1839	1875	233	1537
2022	16	1804	370	1505	1808	2062	226	1681
2023	17	1873	370	1397	1904	1834	233	1626

主要商品出口量值（人民币）

年　份	船舶		静止式变流器		医药材及药品	
	数量 （艘）	金额 （亿元）	数量 （亿个）	金额 （亿元）	数量 （万吨）	金额 （亿元）
2011	2850743	2698	33	951	76	769
2012	2741879	2266	40	982	76	754
2013	3075731	1616	50	1094	82	765
2014	3314884	1414	53	1121	88	822
2015	6700	1599	51	1102	88	838
2016	8201	1332	52	1079	95	898
2017	8013	1408	54	1156	101	1021
2018	6899	1420	54	1183	103	1148
2019	6410	1400	51	1270	110	1189
2020	5712	1192	54	1446	131	1593
2021	4619	1389	67	1772	146	3203
2022	4539	1442	54	2271	132	1672
2023	4638	1944	50	2354	143	1635

主要商品出口量值（人民币）

年　份	未锻轧铝及铝材		印刷电路		新的充气橡胶轮胎	
	数量 （万吨）	金额 （亿元）	数量 （亿块）	金额 （亿元）	数量 （亿条）	金额 （亿元）
2011	376	790	290	817	4	958
2012	346	711	292	867	4	1003
2013	364	726	305	828	4	1003
2014	434	822	316	850	5	1010
2015	476	877	305	870	4	858
2016	458	815	291	846	5	850
2017	479	887	316	946	5	960
2018	580	1086	330	1008	5	996
2019	573	1050	327	1010	5	1019
2020	486	907	363	1044	5	919
2021	561	1255	480	1343	6	1078
2022	659	1718	433	1309	6	1256
2023	568	1346	404	1231	6	1501

注：1. 部分商品因数量单位不统一，故无数量数据。
　　2. 因2015年起商品编码89031000和89039900项下娱乐、充气划艇及轻舟等商品不再列为"船舶"，故"船舶"数量波动较大。
　　3. 因2013年以前"鞋类"无统一数量单位，故无数量数据。
　　4. 2020年，"机电产品""服装及衣着附件""电气控制装置""汽车零配件""二极管及类似半导体器件"商品范围调整；2020年、2021年"塑料制品"商品范围调整。
　　5. 2020年起，"医药品"修改为"医药材及药品"；2021年起，"水海产品"修改为"水产品"；2022年起，"液晶显示板"修改为"液晶平板显示模组"。
　　6. "手机"2019年以前为"电话机"，2020年起，"电话机"开始调整为"手机"，商品范围也随之缩小。
　　7. "鞋类"包括鞋靴及其零件。

主要商品出口量值（美元）

年 份	机电产品*		高新技术产品*		自动数据处理设备及其零部件		服装及衣着附件	
	数量	金额(亿美元)	数量	金额(亿美元)	数量	金额(亿美元)	数量	金额(亿美元)
2011	－	10803	－	5473	－	2062	－	1532
2012	－	11793	－	6012	－	2149	－	1591
2013	－	12650	－	6601	－	2108	－	1770
2014	－	13109	－	6605	－	2121	－	1863
2015	－	13101	－	6550	－	1803	－	1742
2016	－	12094	－	6039	－	1624	－	1578
2017	－	13215	－	6674	－	1913	－	1572
2018	－	14607	－	7469	－	2163	－	1576
2019	－	14590	－	7307	－	1969	－	1513
2020	－	15411	－	7767	－	2170	－	1374
2021	－	19629	－	9748	－	2545	－	1672
2022	－	20269	－	9444	－	2354	－	1726
2023	－	19774	－	8420	－	1874	－	1586

主要商品出口量值（美元）

续表1

年 份	手机		纺织纱线、织物及制品		集成电路		农产品*	
	数量(亿台)	金额(亿美元)	数量	金额(亿美元)	数量(亿个)	金额(亿美元)	数量	金额(亿美元)
2011	10	648	－	947	905	326	－	601
2012	11	830	－	958	1182	534	－	626
2013	13	972	－	1069	1427	876	－	671
2014	14	1173	－	1121	1535	609	－	713
2015	14	1255	－	1095	1828	690	－	702
2016	14	1171	－	1050	1809	610	－	726
2017	13	1274	－	1098	2044	669	－	751
2018	12	1422	－	1191	2171	846	－	793
2019	11	1260	－	1202	2187	1016	－	786
2020	10	1266	－	1548	2598	1166	－	760
2021	10	1476	－	1440	3093	1528	－	842
2022	9	1426	－	1467	2727	1513	－	980
2023	8	1387	－	1343	2670	1359	－	989

主要商品出口量值（美元）

年 份	钢材		汽车零配件		家具及其零件		鞋类	
	数量（万吨）	金额（亿美元）	数量	金额（亿美元）	数量	金额（亿美元）	数量（万吨）	金额（亿美元）
2011	4888	513	－	378	－	379	－	417
2012	5573	515	－	416	－	488	－	468
2013	6233	532	－	453	－	518	467	508
2014	9378	708	－	492	－	520	488	562
2015	11239	628	－	468	－	528	447	535
2016	10849	545	－	456	－	478	422	472
2017	7541	545	－	497	－	499	450	482
2018	6934	606	－	550	－	537	448	469
2019	6429	537	－	530	－	541	451	477
2020	5367	455	－	565	－	584	346	381
2021	6615	793	－	751	－	719	424	507
2022	6628	922	－	804	－	677	421	565
2023	9026	845	－	876	－	642	412	493

主要商品出口量值（美元）

年 份	塑料制品		成品油		灯具、照明装置及零件	
	数量（万吨）	金额（亿美元）	数量（万吨）	金额（亿美元）	数量	金额（亿美元）
2011	795	235	2570	208	－	126
2012	851	316	2427	213	－	195
2013	896	353	2851	245	－	247
2014	951	371	2968	258	－	311
2015	973	377	3615	191	－	357
2016	1040	357	4831	194	－	299
2017	1168	388	5216	254	－	285
2018	1312	435	5864	360	－	301
2019	1423	483	6685	384	－	329
2020	2135	767	6183	255	－	376
2021	2463	962	6030	325	－	466
2022	2456	1049	5371	481	－	443
2023	2574	1006	6266	483	－	422

主要商品出口量值（美元）

| 年 份 | 电气控制装置 | | 箱包及类似容器 | | 二极管及类似半导体器件 | | 玩具 | |
	数量	金额（亿美元）	数量（万吨）	金额（亿美元）	数量（亿个）	金额（亿美元）	数量	金额（亿美元）
2011	－	144	327	239	3122	336	－	108
2012	－	165	302	253	3239	244	－	114
2013	－	180	302	276	3516	251	－	124
2014	－	209	300	271	5672	283	－	141
2015	－	208	284	282	7223	294	－	157
2016	－	211	279	249	7026	243	－	184
2017	－	230	310	266	5953	242	－	239
2018	－	254	316	271	5810	265	－	251
2019	－	262	307	272	5349	321	－	311
2020	－	266	201	206	5796	345	－	335
2021	－	337	240	268	7547	474	－	436
2022	－	357	292	344	6528	639	－	462
2023	－	348	331	357	5924	601	－	405

主要商品出口量值（美元）

| 年 份 | 液晶平板显示模组 | | 水产品 | | 陶瓷产品 | | 电线和电缆 | |
	数量（亿个）	金额（亿美元）	数量（万吨）	金额（亿美元）	数量（万吨）	金额（亿美元）	数量（万吨）	金额（亿美元）
2011	24	295	288	110	2429	141	180	149
2012	32	362	368	181	2494	167	186	166
2013	33	359	384	194	2541	192	195	184
2014	25	318	403	209	2598	221	217	210
2015	23	310	391	196	2526	260	217	201
2016	19	258	409	200	2344	183	224	196
2017	19	256	427	208	2342	192	241	207
2018	18	232	425	220	2260	216	242	216
2019	15	214	419	203	2122	251	229	205
2020	13	198	375	188	1768	251	207	185
2021	14	276	374	216	1839	290	233	238
2022	16	272	370	226	1808	308	226	252
2023	17	266	370	199	1904	261	233	231

主要商品出口量值（美元）

年　份	船舶		静止式变流器		医药材及药品	
	数量 （艘）	金额 （亿美元）	数量 （亿个）	金额 （亿美元）	数量 （万吨）	金额 （亿美元）
2011	2850743	415	33	147	76	118
2012	2741879	359	40	155	76	119
2013	3075731	260	50	176	82	123
2014	3314884	230	53	182	88	134
2015	6700	258	51	178	88	135
2016	8201	202	52	164	95	136
2017	8013	207	54	171	101	151
2018	6899	217	54	179	103	174
2019	6410	203	51	184	110	173
2020	5712	172	54	209	131	230
2021	4619	215	67	274	146	496
2022	4539	215	54	339	132	251
2023	4638	276	50	335	143	233

主要商品出口量值（美元）

年　份	未锻轧铝及铝材		印刷电路		新的充气橡胶轮胎	
	数量 （万吨）	金额 （亿美元）	数量 （亿块）	金额 （亿美元）	数量 （亿条）	金额 （亿美元）
2011	376	122	290	126	4	148
2012	346	113	292	137	4	159
2013	364	117	305	133	4	162
2014	434	134	316	138	5	164
2015	476	142	305	140	5	138
2016	458	124	291	128	5	129
2017	479	131	316	140	5	142
2018	580	165	330	153	5	151
2019	573	152	327	146	5	148
2020	486	131	363	151	5	133
2021	561	194	480	208	6	167
2022	659	259	433	197	6	189
2023	568	192	404	175	6	214

注：1. 部分商品因数量单位不统一，故无数量数据。
　　2. 因2015年起商品编码89031000和89039900项下娱乐、充气划艇及轻舟等商
　　　品不再列为"船舶"，故"船舶"数量波动较大。
　　3. 因2013年以前"鞋类"无统一数量单位，故无数量数据。
　　4. 2020年，"机电产品""服装及衣着附件""电气控制装置""汽车零配件"
　　　"二极管及类似半导体器件"商品范围调整；2020年、2021年，"塑料制品"
　　　商品范围调整。
　　5. 2020年起，"医药品"修改为"医药材及药品"；2021年起，"水海产品"修
　　　改为"水产品"；2022年起，"液晶显示板"修改为"液晶平板显示模组"。
　　6. 2020年起，"电话机"调整为"手机"，商品范围也随之缩小。
　　7. "鞋类"包括鞋靴及其零件。

关税配额商品进口量值（人民币）

单位：万吨、亿元

商品名称	2014 年		2015 年		2016 年		2017 年		2018 年	
	数量	金额	数量	金额	数量	金额	数量	金额	数量	金额
小麦	300	60	301	56	341	54	442	73	310	56
玉米	260	45	473	68	317	42	283	41	352	51
稻谷和大米	258	77	338	93	356	106	403	126	308	108
食糖	349	92	485	110	306	77	229	73	280	67
羊毛	33	149	35	153	32	155	35	187	37	212
毛条	1	5	1	6	1	2	1	3	1	4
棉花	244	306	147	159	90	104	116	149	157	210
化肥	134	46	155	54	123	38	122	33	169	49
尿素	1	0	1	0	7	1	11	2	16	3
含氮、磷、钾的复合肥	111	39	146	51	113	36	111	31	146	44
磷酸氢二铵	23	6	8	3	3	1	0	0	6	2

关税配额商品进口量值（人民币）

续表

商品名称	2019 年		2020 年		2021 年		2022 年		2023 年	
	数量	金额	数量	金额	数量	金额	数量	金额	数量	金额
小麦	349	69	838	163	977	199	996	256	1210	308
玉米	479	73	1130	172	2835	519	2062	467	2712	634
稻谷和大米	255	89	294	103	496	144	619	177	263	101
食糖	339	77	527	124	567	148	527	173	397	164
羊毛	28	164	22	113	29	155	28	148	30	142
毛条	1	5	0	1	0	1	0	1	0	0
棉花	185	245	216	245	212	263	194	349	196	296
化肥	158	49	147	44	126	43	70	34	122	53
尿素	18	3	0	0	5	2	0	0	0	0
含氮、磷、钾的复合肥	139	46	140	43	121	42	70	34	121	52
磷酸氢二铵	0	0	6	1	0	0	0	0	0	0

关税配额商品进口量值（美元）

单位：万吨、亿美元

商品名称	2014 年		2015 年		2016 年		2017 年		2018 年	
	数量	金额	数量	金额	数量	金额	数量	金额	数量	金额
小麦	300	10	301	9	341	8	442	11	310	9
玉米	260	7	473	11	317	6	283	6	352	8
稻谷和大米	258	13	338	15	356	16	403	19	308	16
食糖	349	15	485	18	306	12	229	11	280	10
羊毛	33	24	35	25	32	23	35	28	37	32
毛条	1	1	1	1	1	0	1	0	1	1
棉花	244	50	147	26	90	16	116	22	157	32
化肥	134	7	155	9	123	6	122	5	169	7
尿素	1	0	1	0	7	0	11	0	16	0
含氮、磷、钾的复合肥	111	6	146	8	113	6	111	5	146	7
磷酸氢二铵	23	1	8	0	3	0	0	0	6	0

关税配额商品进口量值（美元）

续表

商品名称	2019 年		2020 年		2021 年		2022 年		2023 年	
	数量	金额	数量	金额	数量	金额	数量	金额	数量	金额
小麦	349	10	838	23	977	31	996	38	1210	44
玉米	479	11	1130	25	2835	80	2062	71	2712	90
稻谷和大米	255	13	294	15	496	22	619	27	263	14
食糖	339	11	527	18	567	23	527	26	397	23
羊毛	28	24	22	16	29	24	28	22	30	20
毛条	1	1	0	0	0	0	0	0	0	0
棉花	185	36	216	36	212	41	194	52	196	42
化肥	158	7	147	6	126	7	70	5	122	8
尿素	18	0	0	0	5	0	0	0	0	0
含氮、磷、钾的复合肥	139	7	140	6	121	6	70	5	121	7
磷酸氢二铵	0	0	6	0	0	0	0	0	0	0

重点商品主要国家（地区）进口总额
——铁矿砂

国家（地区）	亿元人民币			亿美元		
	2021 年	2022 年	2023 年	2021 年	2022 年	2023 年
澳大利亚	7129	5478	5989	1103	825	852
巴西	2528	1728	2007	391	260	285
南非	462	318	303	71	48	43
印度	307	81	247	47	13	35

注：按2023年人民币值降序排列。

重点商品主要国家（地区）进口量及占比
——铁矿砂

国家（地区）	万 吨			占比（%）		
	2021 年	2022 年	2023 年	2021 年	2022 年	2023 年
澳大利亚	68928	72860	73671	61.5	65.9	62.5
巴西	23710	22685	24841	21.2	20.5	21.1
印度	3340	1017	3649	3.0	0.9	3.1
南非	4023	3732	3580	3.6	3.4	3.0

注：按2023年数量降序排列。

重点商品主要国家（地区）进口总额
——大豆

国家（地区）	亿元人民币			亿美元		
	2021 年	2022 年	2023 年	2021 年	2022 年	2023 年
巴西	2138	2479	2888	331	373	409
美国	1070	1204	1052	166	180	151
阿根廷	137	163	86	21	23	12

注：按 2023 年人民币值降序排列。

重点商品主要国家（地区）进口量及占比
——大豆

国家（地区）	万　吨			占比（%）		
	2021 年	2022 年	2023 年	2021 年	2022 年	2023 年
巴西	5806	5439	6993	60.7	61.0	70.9
美国	3162	2780	2348	33.0	31.2	23.8
阿根廷	371	352	195	3.9	3.9	2.0

注：按 2023 年数量降序排列。

重点商品主要国家（地区）进口总额
——煤

国家（地区）	亿元人民币			亿美元		
	2021 年	2022 年	2023 年	2021 年	2022 年	2023 年
印度尼西亚	1159	1267	1283	180	189	183
俄罗斯	469	823	1017	73	122	145
蒙古国	130	343	601	20	51	85
澳大利亚	187	210	449	29	32	64

注：按 2023 年人民币值降序排列。

重点商品主要国家（地区）进口量及占比
——煤

国家（地区）	万　吨			占比（%）		
	2021 年	2022 年	2023 年	2021 年	2022 年	2023 年
印度尼西亚	19539	17065	22023	60.5	58.2	46.4
俄罗斯	5673	6807	10213	17.6	23.2	21.5
蒙古国	1644	3114	6995	5.1	10.6	14.7
澳大利亚	1043	866	5246	3.2	3.0	11.1

注：按 2023 年数量降序排列。

重点商品主要国家（地区）进口总额
——原油

国家（地区）	亿元人民币			亿美元		
	2021 年	2022 年	2023 年	2021 年	2022 年	2023 年
俄罗斯	2618	3908	4277	405	586	607
沙特阿拉伯	2839	4326	3782	439	650	539
伊拉克	1710	2609	2475	265	391	352
马来西亚	578	1469	2019	90	217	287
阿联酋	1057	2160	1872	164	322	266
阿曼	1451	1938	1759	225	292	250
巴西	1000	1239	1616	155	186	230
安哥拉	1290	1496	1308	200	226	186
科威特	988	1636	1069	153	246	152
美国	364	389	639	56	58	91

注：按 2023 年人民币值降序排列。

重点商品主要国家（地区）进口量及占比
——原油

国家（地区）	万　吨			占比（%）		
	2021 年	2022 年	2023 年	2021 年	2022 年	2023 年
俄罗斯	7964	8624	10701	15.5	17.0	19.0
沙特阿拉伯	8756	8749	8594	17.1	17.2	15.2
伊拉克	5407	5549	5925	10.5	10.9	10.5
马来西亚	1853	3564	5477	3.6	7.0	9.7
阿联酋	3194	4277	4182	6.2	8.4	7.4
阿曼	4481	3937	3915	8.7	7.7	6.9
巴西	3030	2493	3775	5.9	4.9	6.7
安哥拉	3915	3009	3003	7.6	5.9	5.3
科威特	3016	3328	2453	5.9	6.5	4.4
美国	1147	789	1429	2.2	1.6	2.5

注：按 2023 年数量降序排列。

重点商品主要国家（地区）进口总额
——天然气

国家（地区）	亿元人民币			亿美元		
	2021 年	2022 年	2023 年	2021 年	2022 年	2023 年
澳大利亚	1052	1068	1040	163	160	148
俄罗斯	276	731	816	43	109	116
卡塔尔	314	775	723	49	116	103
土库曼斯坦	439	687	674	68	103	96
马来西亚	263	453	295	41	68	42
印度尼西亚	178	204	197	28	31	28
美国	400	146	148	62	22	21
巴布亚新几内亚	111	134	130	17	20	19
缅甸	91	96	103	14	14	15
哈萨克斯坦	73	74	95	11	11	13

注：按2023年人民币值降序排列。

重点商品主要国家（地区）进口量及占比
——天然气

国家（地区）	万 吨			占比（％）		
	2021 年	2022 年	2023 年	2021 年	2022 年	2023 年
俄罗斯	1205	1815	2475	9.9	16.6	20.6
澳大利亚	3110	2185	2412	25.6	20.0	20.1
土库曼斯坦	2400	2545	2389	19.8	23.3	19.9
卡塔尔	898	1568	1665	7.4	14.4	13.9
马来西亚	823	736	708	6.8	6.7	5.9
印度尼西亚	511	373	398	4.2	3.4	3.3
哈萨克斯坦	464	315	381	3.8	2.9	3.2
美国	898	208	313	7.4	1.9	2.6
缅甸	304	273	272	2.5	2.5	2.3
巴布亚新几内亚	316	251	248	2.6	2.3	2.1

注：按2023年数量降序排列。

重点商品主要国家（地区）进口总额
——铜材

国家（地区）	亿元人民币			亿美元		
	2021 年	2022 年	2023 年	2021 年	2022 年	2023 年
刚果民主共和国	374	575	629	58	86	89
智利	543	643	548	84	96	78
赞比亚	259	355	284	40	54	41
俄罗斯	252	195	224	39	29	32
日本	228	228	199	35	34	28
韩国	238	226	184	37	34	26
哈萨克斯坦	158	159	152	25	24	22
澳大利亚	96	102	118	15	15	17
中国台湾	174	130	100	27	20	14
秘鲁	93	101	96	14	15	14

注：按 2023 年人民币值降序排列。

重点商品主要国家（地区）进口量及占比
——铜材

国家（地区）	万　吨			占比（%）		
	2021 年	2022 年	2023 年	2021 年	2022 年	2023 年
刚果民主共和国	62	98	108	11.3	16.7	19.6
智利	90	108	90	16.3	18.4	16.4
赞比亚	44	61	48	7.9	10.3	8.7
俄罗斯	43	34	38	7.7	5.7	7.0
韩国	36	34	27	6.5	5.7	4.9
日本	30	31	27	5.4	5.3	4.8
哈萨克斯坦	26	26	25	4.8	4.5	4.6
澳大利亚	16	17	19	2.9	2.9	3.5
马来西亚	15	15	18	2.6	2.6	3.3
秘鲁	15	17	16	2.8	2.9	2.9

注：按 2023 年数量降序排列。

重点商品主要国家（地区）进口总额
——汽车

国家（地区）	亿元人民币			亿美元		
	2021年	2022年	2023年	2021年	2022年	2023年
德国	1070	1156	1096	165	174	155
美国	727	657	636	112	99	90
日本	576	644	564	89	97	80
斯洛伐克	384	410	401	59	62	57
英国	319	288	319	49	44	45
奥地利	95	120	97	15	18	14

注：按2023年人民币值降序排列。

重点商品主要国家（地区）进口量及占比
——汽车

国家（地区）	万　辆			占比（％）		
	2021年	2022年	2023年	2021年	2022年	2023年
德国	27	26	23	28.9	29.5	28.9
日本	26	25	22	27.8	28.9	28.0
美国	16	14	13	17.4	15.7	15.8
斯洛伐克	8	8	9	8.7	9.2	10.7
英国	6	6	5	6.5	6.4	6.5
瑞典	3	3	2	2.8	2.8	3.0

注：按2023年数量降序排列。

重点商品主要国家（地区）进口总额
——集成电路

国家（地区）	亿元人民币			亿美元		
	2021 年	2022 年	2023 年	2021 年	2022 年	2023 年
中国台湾	9979	10469	9467	1545	1573	1345
韩国	5692	5601	4612	881	843	655
中国	3761	3345	3272	582	503	465
马来西亚	2167	1957	1589	336	294	226
日本	1405	1323	1449	217	198	206
越南	1201	1083	1063	186	162	151
美国	1012	804	581	157	121	83

注：按 2023 年人民币值降序排列。

重点商品主要国家（地区）进口量及占比
——集成电路

国家（地区）	亿 个			占比（%）		
	2021 年	2022 年	2023 年	2021 年	2022 年	2023 年
中国台湾	2016	1786	1609	31.8	33.2	33.6
中国	1237	966	911	19.5	18.0	19.0
韩国	628	514	503	9.9	9.6	10.5
美国	493	390	372	7.8	7.3	7.8
日本	489	429	346	7.7	8.0	7.2
马来西亚	329	298	209	5.2	5.5	4.4
新加坡	266	225	189	4.2	4.2	3.9

注：按 2023 年数量降序排列。

重点商品主要国家（地区）出口总额
——钢材

国家（地区）	亿元人民币			亿美元		
	2021 年	2022 年	2023 年	2021 年	2022 年	2023 年
韩国	468	455	472	72	69	67
越南	350	393	461	54	59	66
菲律宾	354	514	310	55	77	45
泰国	272	296	299	42	45	43
印度	187	287	255	29	43	36
土耳其	152	220	242	24	33	35
阿联酋	126	175	236	19	26	34
印度尼西亚	194	234	235	30	35	34
沙特阿拉伯	96	183	209	15	27	30
巴西	178	139	172	28	21	24

注：按 2023 年人民币值降序排列。

重点商品主要国家（地区）出口量及占比
——钢材

国家（地区）	万 吨			占比（%）		
	2021 年	2022 年	2023 年	2021 年	2022 年	2023 年
越南	558	537	906	8.4	8.1	10.0
韩国	709	635	835	10.7	9.6	9.2
泰国	377	381	471	5.7	5.7	5.2
菲律宾	346	373	418	5.2	5.6	4.6
土耳其	180	244	399	2.7	3.7	4.4
阿联酋	171	199	375	2.6	3.0	4.2
印度尼西亚	277	282	361	4.2	4.3	4.0
沙特阿拉伯	130	223	334	2.0	3.4	3.7
印度	116	146	292	1.7	2.2	3.2
巴西	256	154	277	3.9	2.3	3.1
马来西亚	133	142	210	2.0	2.1	2.3

注：按 2023 年数量降序排列。

重点商品主要国家（地区）出口总额
——手机

国家（地区）	亿元人民币			亿美元		
	2021年	2022年	2023年	2021年	2022年	2023年
美国	2534	2845	2714	393	427	384
中国香港	2319	2188	2230	359	326	316
日本	487	462	581	75	69	82
荷兰	522	410	470	81	61	66
捷克	148	341	350	23	51	50
阿联酋	199	241	326	31	36	46
英国	259	295	291	40	44	41
新加坡	136	146	192	21	22	27
意大利	131	205	189	20	31	27
俄罗斯	257	191	186	40	29	26

注：按2023年人民币值降序排列。

重点商品主要国家（地区）出口量及占比
——手机

国家（地区）	万　台			占比（%）		
	2021年	2022年	2023年	2021年	2022年	2023年
中国香港	34069	23596	22732	35.7	28.8	28.4
美国	11127	11111	9879	11.7	13.6	12.3
阿联酋	4637	4914	5088	4.9	6.0	6.3
俄罗斯	2809	2694	2859	2.9	3.3	3.6
印度	1720	1948	2718	1.8	2.4	3.4
日本	2266	2015	2012	2.4	2.5	2.5
墨西哥	2118	1984	1695	2.2	2.4	2.1
巴基斯坦	2283	1522	1613	2.4	1.9	2.0
尼日利亚	1903	1699	1609	2.0	2.1	2.0
荷兰	1860	1424	1504	1.9	1.7	1.9

注：按2023年数量降序排列。

重点商品主要国家（地区）出口总额
——笔记本电脑

国家（地区）	亿元人民币			亿美元		
	2021 年	2022 年	2023 年	2021 年	2022 年	2023 年
美国	2552	2285	1781	395	343	254
荷兰	601	610	495	93	92	70
德国	568	527	398	88	79	57
日本	343	310	296	53	47	42
印度	336	327	287	52	49	41
中国香港	330	253	278	51	38	39
英国	292	259	204	45	39	29
澳大利亚	160	177	152	25	27	22
阿联酋	113	126	121	17	19	17
俄罗斯	117	94	90	18	14	13

注：按 2023 年人民币值降序排列。

重点商品主要国家（地区）出口量及占比
——笔记本电脑

国家（地区）	万 台			占比（%）		
	2021 年	2022 年	2023 年	2021 年	2022 年	2023 年
美国	8046	5540	4408	36.3	33.5	31.4
荷兰	1793	1335	1042	7.4	8.9	8.6
德国	1638	1466	1206	8.1	8.1	7.4
印度	1048	798	752	4.5	5.5	6.0
日本	1000	909	842	4.7	4.8	5.3
中国香港	947	653	746	4.3	3.9	5.3
英国	924	603	524	4.2	3.6	3.7
澳大利亚	394	361	350	1.8	2.3	2.4
俄罗斯	393	385	333	1.8	1.6	1.8
阿联酋	400	273	251	1.8	2.2	2.5

注：按 2023 年数量降序排列。

重点商品主要国家（地区）出口总额
——汽车

国家（地区）	亿元人民币			亿美元		
	2021 年	2022 年	2023 年	2021 年	2022 年	2023 年
俄罗斯	128	274	1348	20	40	191
比利时	199	376	426	31	56	61
英国	145	291	427	22	43	61
墨西哥	60	190	347	9	28	49
澳大利亚	106	204	300	16	30	43
西班牙	2	127	251	0	18	36
沙特阿拉伯	119	210	248	18	31	35
泰国	13	48	198	2	7	28
阿联酋	29	139	193	5	20	27
乌兹别克斯坦	23	39	180	4	6	26

注：按 2023 年人民币值降序排列。

重点商品主要国家（地区）出口量及占比
——汽车

国家（地区）	万辆			占比（%）		
	2021 年	2022 年	2023 年	2021 年	2022 年	2023 年
俄罗斯	12	16	91	5.7	4.9	17.4
墨西哥	9	25	42	4.5	7.7	8.0
比利时	11	21	22	5.2	6.2	4.2
澳大利亚	10	16	21	4.5	4.8	4.1
英国	8	15	21	3.7	4.4	4.1
沙特阿拉伯	13	22	21	6.3	6.7	4.1
菲律宾	6	14	17	2.8	4.4	3.3
泰国	5	9	17	2.3	2.6	3.2
阿联酋	3	9	16	1.2	2.8	3.0
西班牙	0	6	14	0.1	1.7	2.7

注：按 2023 年数量降序排列。

重点商品主要国家（地区）出口总额
——机电产品

国家（地区）	亿元人民币			亿美元		
	2021年	2022年	2023年	2021年	2022年	2023年
美国	22290	22913	20842	3450	3441	2963
中国香港	18154	15182	14757	2811	2274	2095
日本	5777	6055	6084	894	907	865
韩国	5151	5489	5355	798	824	762
俄罗斯	2673	3017	5333	414	448	756
越南	4914	5041	5090	761	756	723
德国	4872	5191	5056	754	778	719
印度	3657	4503	5042	566	676	716
荷兰	4568	5350	4913	707	802	700
墨西哥	2971	3317	3805	460	498	541

注：1. 因该类商品无统一数量单位，故只汇总金额。

　　2. 按2023年人民币值降序排列。

重点商品主要国家（地区）出口总额
——纺织服装

国家（地区）	亿元人民币			亿美元		
	2021年	2022年	2023年	2021年	2022年	2023年
美国	3602	3519	3288	557	529	467
越南	1127	1238	1241	174	185	176
日本	1289	1328	1197	199	199	170
韩国	619	678	699	96	101	99
吉尔吉斯斯坦	301	559	580	47	83	82
孟加拉国	551	607	524	85	92	75
哈萨克斯坦	236	306	505	37	45	71
澳大利亚	435	513	501	67	77	71
俄罗斯	455	419	497	70	62	70
英国	568	502	472	88	75	67

注：1. 因该类商品无统一数量单位，故只汇总金额。

　　2. 纺织服装包括纺织纱线、服装及衣着附件。

　　3. 按2023年人民币值降序排列。

重点商品主要国家（地区）出口总额
——家具

国家（地区）	亿元人民币			亿美元		
	2021 年	2022 年	2023 年	2021 年	2022 年	2023 年
美国	1358	1248	1197	210	188	170
日本	214	243	231	33	36	33
英国	249	196	213	38	30	30
韩国	187	201	199	29	30	28
澳大利亚	211	214	193	33	32	27
马来西亚	131	153	158	20	23	23
德国	199	159	149	31	24	21
加拿大	152	142	126	23	21	18
沙特阿拉伯	106	97	105	16	15	15
法国	121	114	103	19	17	15

注：1. 因该类商品无统一数量单位，故只汇总金额。
   2. 按 2023 年人民币值降序排列。

重点商品主要国家（地区）出口总额
——玩具

国家（地区）	亿元人民币			亿美元		
	2021 年	2022 年	2023 年	2021 年	2022 年	2023 年
美国	831	844	715	129	127	101
日本	110	154	138	17	23	20
英国	128	123	110	20	19	16
墨西哥	84	111	103	13	17	15
韩国	100	123	101	15	18	14
马来西亚	63	88	88	10	13	12
德国	100	95	84	15	14	12
澳大利亚	69	76	75	11	11	11
荷兰	93	86	72	14	13	10
俄罗斯	81	60	71	12	9	10

注：1. 因该类商品无统一数量单位，故只汇总金额。
   2. 按 2023 年人民币值降序排列。

重点商品年度进口总额（人民币）

单位：亿元

年　份	铁矿砂	原　油	煤	天然气	大　豆	铜　材	集成电路	汽　车
2000	150	1217	6	0	188	290	1101	98
2001	207	965	7	0	233	290	1373	142
2002	229	1056	28	0	205	367	1769	262
2003	402	1637	30	0	448	464	2932	430
2004	1051	2807	74	0	578	639	4523	439
2005	1514	3927	114	0	640	768	6102	419
2006	1678	5328	130	9	601	993	7747	600
2007	2608	6140	188	46	881	1510	9767	833
2008	4279	9091	260	66	1528	1350	9052	1067
2009	3426	6098	745	88	1283	1548	8190	1043
2010	5409	9179	1234	272	1701	2230	10652	2076
2011	7303	12774	1547	674	1932	2386	11044	2803
2012	6045	13941	1813	1064	2209	2438	12132	2996
2013	6587	13638	1805	1273	2357	2176	14359	3020
2014	5739	14016	1366	1464	2473	2185	13366	3725
2015	3562	8326	750	1146	2158	1802	14294	2773
2016	3809	7698	938	1089	2246	1741	15005	2942
2017	5175	11003	1536	1574	2688	2115	17592	3422
2018	4984	15882	1613	2552	2503	2469	20584	3331
2019	6986	16702	1605	2873	2437	2240	21078	3332
2020	8229	12218	1411	2315	2743	2988	24207	3216
2021	11752	16694	2337	3595	3430	3389	27864	3489
2022	8473	24369	2860	4684	4007	3606	27497	3527
2023	9536	23754	3730	4524	4161	3354	24580	3321

重点商品年度进口总额（美元）

单位：亿美元

年　份	铁矿砂	原　油	煤	天然气	大　豆	铜　材	集成电路	汽　车
2000	18	147	1	0	23	35	133	12
2001	25	117	1	0	28	35	166	17
2002	28	128	3	0	25	44	214	32
2003	49	198	4	0	54	56	354	52
2004	127	339	9	0	70	77	547	53
2005	184	477	14	0	78	93	743	51
2006	209	664	16	1	75	124	969	75
2007	338	799	24	6	115	197	1277	109
2008	607	1293	37	9	218	192	1293	151
2009	501	893	109	13	188	227	1199	154
2010	798	1353	182	40	251	329	1570	306
2011	1124	1968	239	104	297	368	1702	432
2012	957	2208	287	168	350	386	1921	475
2013	1061	2197	290	205	380	351	2312	487
2014	935	2283	223	238	403	356	2176	606
2015	574	1343	121	185	348	290	2299	447
2016	577	1165	142	165	340	264	2270	445
2017	763	1623	226	233	396	313	2601	505
2018	755	2403	246	385	381	375	3121	505
2019	1013	2424	234	417	353	325	3055	484
2020	1189	1763	202	335	395	432	3500	463
2021	1817	2585	362	557	531	525	4315	539
2022	1277	3658	427	700	600	543	4132	532
2023	1356	3378	531	644	592	477	3492	471

重点商品年度出口总额（人民币）

单位：亿元

年 份	机电产品	服装及衣着附件	家 具	玩 具	钢 材	手 机	笔记本电脑	汽 车
2000	8613	2976	294	411	184	220	17	15
2001	9708	3025	328	381	154	341	57	16
2002	12739	3408	444	417	181	437	182	20
2003	18533	4297	604	448	257	610	937	28
2004	26424	5099	841	475	690	1172	1720	51
2005	34633	6077	1110	482	1078	1695	2455	142
2006	43459	7622	1372	496	2100	2497	3076	231
2007	53253	8837	1700	649	3402	2726	4063	513
2008	57134	8423	1893	603	4445	2697	4595	625
2009	48262	7313	1729	532	1521	2702	4553	320
2010	63293	8781	2237	684	2502	3168	6463	420
2011	70121	9942	2463	702	3333	4067	6864	645
2012	74463	10050	3082	723	3252	5116	7184	800
2013	78532	10981	3219	767	3306	5895	6875	743
2014	80527	11445	3195	869	4350	7085	4654	769
2015	81421	10816	3276	973	3889	7711	4013	696
2016	79820	10413	3151	1216	3587	7643	3852	706
2017	89465	10656	3385	1621	3700	8509	4662	897
2018	96457	10413	3544	1662	3984	9343	4921	971
2019	100626	10446	3730	2152	3699	8611	5088	1049
2020	106608	9520	4039	2317	3151	8728	6125	1090
2021	126817	10801	4644	2819	5125	9531	7006	2225
2022	135216	11522	4506	3086	6135	9622	6440	4052
2023	139104	11167	4516	2856	5928	9792	5328	7165

重点商品年度出口总额（美元）

单位：亿美元

年　份	机电产品	服装及衣着附件	家　具	玩　具	钢　材	手　机	笔记本电脑	汽　车
2000	1040	359	35	50	22	27	2	2
2001	1173	365	40	46	19	41	7	2
2002	1539	412	54	50	22	53	22	2
2003	2238	519	73	54	31	74	113	3
2004	3193	616	102	57	83	142	208	6
2005	4215	739	135	59	131	206	299	17
2006	5430	952	171	62	262	312	385	29
2007	6951	1152	222	85	441	356	531	67
2008	8143	1202	269	86	635	385	656	89
2009	7071	1071	253	78	223	396	666	47
2010	9334	1295	330	101	368	467	953	62
2011	10803	1532	379	108	513	628	1059	99
2012	11793	1591	488	114	515	810	1138	127
2013	12650	1770	518	124	532	951	1108	120
2014	13109	1863	520	141	708	1154	758	125
2015	13101	1742	528	157	628	1237	646	112
2016	12094	1578	478	184	545	1155	583	107
2017	13215	1572	499	240	545	1261	689	133
2018	14607	1576	537	251	606	1406	745	148
2019	14590	1513	541	311	537	1244	738	152
2020	15411	1374	584	335	455	1266	885	157
2021	19629	1672	719	436	793	1476	1085	344
2022	20269	1726	677	462	922	1426	969	601
2023	19774	1586	642	405	845	1387	758	1016

商品构成进口总额（HS2）

类 章	亿元人民币			亿美元		
	2021 年	2022 年	2023 年	2021 年	2022 年	2023 年
总　额	**173137**	**180391**	**179854**	**26794**	**27065**	**25569**
第一类 活动物；动物产品	**3690**	**4102**	**3885**	**571**	**614**	**553**
01 章 活动物	61	60	33	9	9	5
02 章 肉及食用杂碎	2042	2063	1877	316	309	267
03 章 鱼、甲壳动物、软体动物及其他水生无脊椎动物	892	1257	1317	138	188	188
04 章 乳品；蛋品；天然蜂蜜；其他食用动物产品	627	633	564	97	95	80
05 章 其他动物产品	68	90	93	10	14	13
第二类 植物产品	**6659**	**7487**	**8142**	**1030**	**1125**	**1160**
06 章 活树及其他活植物；鳞茎、根及类似品；插花及装饰用簇叶	16	16	20	2	2	3
07 章 食用蔬菜、根及块茎	185	257	235	29	39	34
08 章 食用水果及坚果；甜瓜或柑橘属水果的果皮	1030	1110	1323	159	167	188
09 章 咖啡、茶、马黛茶及调味香料	109	105	126	17	16	18
10 章 谷物	1291	1285	1441	200	195	205
11 章 制粉工业产品；麦芽；淀粉；菊粉；面筋	127	167	146	20	25	21
12 章 含油子仁及果实；杂项子仁及果实；工业用或药用植物；稻草、秸秆及饲料	3859	4499	4811	597	674	685
13 章 虫胶；树胶、树脂及其他植物液、汁	30	35	30	5	5	4
14 章 编结用植物材料；其他植物产品	14	13	11	2	2	2
第三类 动、植物油、脂及其分解产品；精制的食用油脂；动、植物蜡	**1032**	**1032**	**1066**	**160**	**154**	**152**
15 章 动、植物油、脂及其分解产品；精制的食用油脂；动、植物蜡	1032	1032	1066	160	154	152
第四类 食品、饮料、酒及醋；烟草、烟草及烟草代用品的制品	**2102**	**2247**	**2544**	**325**	**335**	**361**
16 章 肉、鱼、甲壳动物、软体动物及其他水生无脊椎动物的制品	25	25	43	4	4	6
17 章 糖及糖食	204	243	273	31	36	39

商品构成进口总额 （HS2）

类　章	亿元人民币			亿美元		
	2021 年	2022 年	2023 年	2021 年	2022 年	2023 年
18 章 可可及可可制品	67	64	73	10	9	10
19 章 谷物、粮食粉、淀粉或乳的制品；糕饼点心	441	456	460	68	68	65
20 章 蔬菜、水果、坚果或植物其他部分的制品	110	123	156	17	18	22
21 章 杂项食品	313	363	431	48	54	61
22 章 饮料、酒及醋	426	363	402	66	54	57
23 章 食品工业的残渣及废料；配制的动物饲料	421	497	548	65	74	78
24 章 烟草、烟草及烟草代用品的制品	94	113	157	15	17	23
第五类　矿产品	**44373**	**51728**	**54589**	**6868**	**7765**	**7764**
25 章 盐；硫磺；泥土及石料；石膏料、石灰及水泥	628	1130	1504	97	169	215
26 章 矿砂、矿渣及矿灰	17564	14869	16791	2717	2239	2388
27 章 矿物燃料、矿物油及其蒸馏产品；沥青物质；矿物蜡	26182	35729	36294	4054	5357	5162
第六类　化学工业及其相关工业的产品	**12277**	**13241**	**12949**	**1900**	**1985**	**1843**
28 章 无机化学品；贵金属、稀土金属、放射性元素及其同位素的有机及无机化合物	962	1738	1834	149	259	261
29 章 有机化学品	3891	3857	3415	602	581	486
30 章 药品	2704	2672	3029	419	399	431
31 章 肥料	179	331	394	28	50	56
32 章 鞣料浸膏及染料浸膏；鞣酸及其衍生物；染料、颜料及其他着色料；油漆及清漆；油灰及其他类似胶粘剂；墨水、油墨	390	347	340	60	52	48
33 章 精油及香膏；芳香料制品及化妆盥洗品	1558	1438	1241	241	215	177
34 章 肥皂、有机表面活性剂、洗涤剂、润滑剂、人造蜡、调制蜡、光洁剂、蜡烛及类似品、塑型用膏、"牙科用蜡"及牙科用熟石膏制剂	481	449	392	74	67	56

商品构成进口总额（HS2）

类 章	亿元人民币			亿美元		
	2021 年	2022 年	2023 年	2021 年	2022 年	2023 年
35 章 蛋白类物质；改性淀粉；胶；酶	307	311	291	48	47	41
36 章 炸药；烟火制品；火柴；引火合金；易燃材料制品	7	8	9	1	1	1
37 章 照相及电影用品	235	234	237	36	35	34
38 章 杂项化学产品	1564	1856	1769	242	278	252
第七类 塑料及其制品；橡胶及其制品	**6541**	**6232**	**5522**	**1012**	**937**	**785**
39 章 塑料及其制品	5351	4996	4357	828	751	620
40 章 橡胶及其制品	1190	1236	1165	184	186	166
第八类 生皮、皮革、毛皮及其制品；鞍具及挽具；旅行用品、手提包及类似品；动物肠线（蚕胶丝除外）制品	**757**	**649**	**720**	**117**	**97**	**102**
41 章 生皮（毛皮除外）及皮革	244	216	205	38	33	29
42 章 皮革制品；鞍具及挽具；旅行用品、手提包及类似容器；动物肠线（蚕胶丝除外）制品	452	400	457	70	60	65
43 章 毛皮、人造毛皮及其制品	61	32	58	9	5	8
第九类 木及木制品；木炭；软木及软木制品；稻草、秸秆、针茅或其他编结材料制品；篮筐及柳条编结品	**1571**	**1481**	**1271**	**243**	**223**	**181**
44 章 木及木制品；木炭	1566	1476	1266	242	222	180
45 章 软木及软木制品	3	3	3	0	0	0
46 章 稻草、秸秆、针茅或其他编结材料制品；篮筐及柳条编结品	1	2	2	0	0	0
第十类 木浆及其他纤维状纤维素浆；回收（废碎）纸或纸板；纸、纸板及其制品	**2027**	**2118**	**2305**	**314**	**317**	**328**
47 章 木浆及其他纤维状纤维素浆；回收（废碎）纸或纸板	1304	1502	1674	202	225	238
48 章 纸及纸板；纸浆、纸或纸板制品	570	465	487	88	70	69
49 章 书籍、报纸、印刷图画及其他印刷品；手稿、打字稿及设计图纸	153	151	144	24	23	21
第十一类 纺织原料及纺织制品	**2288**	**2093**	**2105**	**354**	**314**	**299**

商品构成进口总额（HS2）

类　章	亿元人民币			亿美元		
	2021 年	2022 年	2023 年	2021 年	2022 年	2023 年
50 章 蚕丝	6	5	6	1	1	1
51 章 羊毛、动物细毛或粗毛；马毛纱线及其机织物	207	206	196	32	31	28
52 章 棉花	681	615	635	105	93	90
53 章 其他植物纺织纤维；纸纱线及其机织物	66	72	99	10	11	14
54 章 化学纤维长丝；化学纤维纺织材料制扁条及类似品	179	153	147	28	23	21
55 章 化学纤维短纤	116	104	102	18	16	15
56 章 絮胎、毡呢及无纺织物；特种纱线；线、绳、索、缆及其制品	93	82	79	14	12	11
57 章 地毯及纺织材料的其他铺地制品	7	6	6	1	1	1
58 章 特种机织物；簇绒织物；花边；装饰毯；装饰带；刺绣品	26	23	20	4	3	3
59 章 浸渍、涂布、包覆或层压的纺织物；工业用纺织制品	108	100	91	17	15	13
60 章 针织物及钩编织物	74	60	48	11	9	7
61 章 针织或钩编的服装及衣着附件	302	280	279	47	42	40
62 章 非针织或非钩编的服装及衣着附件	392	361	374	61	54	53
63 章 其他纺织制成品；成套物品；旧衣着及旧纺织品；碎料物	31	26	24	5	4	3
第十二类 鞋、帽、伞、杖、鞭及其零件；已加工的羽毛及其制品；人造花；人发制品	**499**	**501**	**551**	**77**	**75**	**78**
64 章 鞋靴、护腿和类似品及其零件	418	416	440	65	62	63
65 章 帽类及其零件	18	17	18	3	3	3
66 章 雨伞、阳伞、手杖、鞭子、马鞭及其零件	1	1	1	0	0	0
67 章 已加工羽毛、羽绒及其制品；人造花；人发制品	62	68	92	10	10	13
第十三类 石料、石膏、水泥、石棉、云母及类似材料的制品；陶瓷产品；玻璃及其制品	**823**	**736**	**667**	**127**	**111**	**95**

商品构成进口总额（HS2）

类　章	亿元人民币			亿美元		
	2021年	2022年	2023年	2021年	2022年	2023年
68章 石料、石膏、水泥、石棉、云母及类似材料的制品	147	147	124	23	22	18
69章 陶瓷产品	123	107	100	19	16	14
70章 玻璃及其制品	553	482	444	86	72	63
第十四类 天然或养殖珍珠、宝石或半宝石、贵金属、包贵金属及其制品；仿首饰；硬币	**4998**	**6976**	**7992**	**774**	**1034**	**1140**
71章 天然或养殖珍珠、宝石或半宝石、贵金属、包贵金属及其制品；仿首饰；硬币	4998	6976	7992	774	1034	1140
第十五类 贱金属及其制品	**10012**	**10667**	**10040**	**1550**	**1603**	**1427**
72章 钢铁	2814	2914	2583	435	438	367
73章 钢铁制品	689	631	620	107	95	88
74章 铜及其制品	4270	4563	4414	661	687	627
75章 镍及其制品	547	853	808	85	128	115
76章 铝及其制品	806	780	870	125	117	123
77章 （保留为协调制度将来所用）						
78章 铅及其制品	7	6	8	1	1	1
79章 锌及其制品	109	40	85	17	6	12
80章 锡及其制品	18	76	70	3	11	10
81章 其他贱金属、金属陶瓷及其制品	383	474	283	59	72	40
82章 贱金属工具、器具、利口器、餐匙、餐叉及其零件	224	199	182	35	30	26
83章 贱金属杂项制品	145	130	116	22	20	17
第十六类 机器、机械器具、电气设备及其零件；录音机及放声机、电视图像、声音的录制和重放设备及其零件、附件	**57951**	**56066**	**52507**	**8970**	**8419**	**7455**
84章 核反应堆、锅炉、机器、机械器具及其零件	14932	13395	13902	2310	2013	1972
85章 电机、电气设备及其零件；录音机及放声机、电视图像、声音的录制和重放设备及其零件、附件	43019	42672	38605	6660	6406	5483

商品构成进口总额（HS2）

类　章	亿元人民币			亿美元		
	2021 年	2022 年	2023 年	2021 年	2022 年	2023 年
第十七类 车辆、航空器、船舶及有关运输设备	**6569**	**6156**	**5853**	**1015**	**926**	**831**
86 章 铁道及电车道机车、车辆及其零件；铁道及电车道轨道固定装置及其零件、附件；各种机械（包括电动机械）交通信号设备	38	36	40	6	5	6
87 章 车辆及其零件、附件，但铁道及电车道车辆除外	5591	5355	4987	864	807	707
88 章 航空器、航天器及其零件	742	688	789	115	102	113
89 章 船舶及浮动结构体	198	78	37	31	12	5
第十八类 光学、照相、电影、计量、检验、医疗或外科用仪器及设备、精密仪器及设备；钟表；乐器；上述物品的零件、附件	**7423**	**5753**	**5823**	**1149**	**862**	**827**
90 章 光学、照相、电影、计量、检验、医疗或外科用仪器及设备、精密仪器及设备；上述物品的零件、附件	7014	5430	5461	1086	813	776
91 章 钟表及其零件	372	285	327	58	43	46
92 章 乐器及其零件、附件	37	38	35	6	6	5
第十九类 武器、弹药及其零件、附件	**0**	**0**	**1**	**0**	**0**	**0**
93 章 武器、弹药及其零件、附件	0	0	1	0	0	0
第二十类 杂项制品	**530**	**484**	**445**	**82**	**72**	**63**
94 章 家具；寝具、褥垫、弹簧床垫、软坐垫及类似的填充制品；未列名灯具及照明装置；发光标志、发光铭牌及类似品；活动房屋	205	189	173	32	28	24
95 章 玩具、游戏品、运动用品及其零件、附件	193	186	180	30	28	26
96 章 杂项制品	132	109	92	20	16	13
第二十一类 艺术品、收藏品及古物	**159**	**122**	**113**	**25**	**18**	**16**
97 章 艺术品、收藏品及古物	159	122	113	25	18	16
第二十二类 特殊交易品及未分类商品	**854**	**522**	**765**	**131**	**78**	**109**
98 章 特殊交易品及未分类商品	854	522	765	131	78	109

商品构成出口总额（HS2）

类 章	亿元人民币			亿美元		
	2021 年	2022 年	2023 年	2021 年	2022 年	2023 年
总 额	**214255**	**236337**	**237656**	**33160**	**35444**	**33790**
第一类 活动物；动物产品	**971**	**1100**	**1013**	**150**	**165**	**144**
01 章 活动物	36	36	35	6	5	5
02 章 肉及食用杂碎	56	66	70	9	10	10
03 章 鱼、甲壳动物、软体动物及其他水生无脊椎动物	712	815	733	110	122	104
04 章 乳品；蛋品；天然蜂蜜；其他食用动物产品	40	47	53	6	7	8
05 章 其他动物产品	127	135	122	20	20	17
第二类 植物产品	**1816**	**1893**	**2046**	**281**	**283**	**290**
06 章 活树及其他活植物；鳞茎、根及类似品；插花及装饰用簇叶	37	38	37	6	6	5
07 章 食用蔬菜、根及块茎	648	678	774	100	101	110
08 章 食用水果及坚果；甜瓜或柑橘属水果的果皮	409	369	419	63	55	59
09 章 咖啡、茶、马黛茶及调味香料	271	255	266	42	38	38
10 章 谷物	70	72	73	11	11	10
11 章 制粉工业产品；麦芽；淀粉；菊粉；面筋	42	71	63	7	11	9
12 章 含油子仁及果实；杂项子仁及果实；工业用或药用植物；稻草、秸秆及饲料	191	211	232	30	32	33
13 章 虫胶；树胶、树脂及其他植物液、汁	136	183	163	21	27	23
14 章 编结用植物材料；其他植物产品	13	17	19	2	3	3
第三类 动、植物油、脂及其分解产品；精制的食用油脂；动、植物蜡	**153**	**239**	**246**	**24**	**36**	**35**
15 章 动、植物油、脂及其分解产品；精制的食用油脂；动、植物蜡	153	239	246	24	36	35
第四类 食品；饮料、酒及醋；烟草、烟草及烟草代用品的制品	**2382**	**3147**	**3500**	**369**	**472**	**498**
16 章 肉、鱼、甲壳动物、软体动物及其他水生无脊椎动物的制品	757	784	757	117	118	108
17 章 糖及糖食	125	171	212	19	26	30

商品构成出口总额（HS2）

类　章	亿元人民币			亿美元		
	2021 年	2022 年	2023 年	2021 年	2022 年	2023 年
18 章 可可及可可制品	28	29	30	4	4	4
19 章 谷物、粮食粉、淀粉或乳的制品；糕饼点心	152	163	185	23	24	26
20 章 蔬菜、水果、坚果或植物其他部分的制品	534	660	695	83	99	99
21 章 杂项食品	369	421	487	57	63	69
22 章 饮料、酒及醋	133	156	210	21	23	30
23 章 食品工业的残渣及废料；配制的动物饲料	238	259	277	37	39	39
24 章 烟草、烟草及烟草代用品的制品	46	503	646	7	75	92
第五类 矿产品	**3310**	**4830**	**4805**	**511**	**723**	**683**
25 章 盐；硫磺；泥土及石料；石膏料、石灰及水泥	242	279	250	37	42	36
26 章 矿砂、矿渣及矿灰	294	259	254	45	39	36
27 章 矿物燃料、矿物油及其蒸馏产品；沥青物质；矿物蜡	2775	4292	4301	428	642	612
第六类 化学工业及其相关工业的产品	**13737**	**16302**	**13816**	**2126**	**2454**	**1968**
28 章 无机化学品；贵金属、稀土金属、放射性元素及其同位素的有机及无机化合物	1494	2609	2402	231	391	343
29 章 有机化学品	5330	6747	5468	825	1017	779
30 章 药品	2490	929	793	385	140	113
31 章 肥料	740	759	684	114	113	97
32 章 鞣料浸膏及染料浸膏；鞣酸及其衍生物；染料、颜料及其他着色料；油漆及清漆；油灰及其他类似胶粘剂；墨水、油墨	666	692	665	103	104	95
33 章 精油及香膏；芳香料制品及化妆盥洗品	404	482	534	63	72	76
34 章 肥皂、有机表面活性剂、洗涤剂、润滑剂、人造蜡、调制蜡、光洁剂、蜡烛及类似品、塑型用膏、"牙科用蜡"及牙科用熟石膏制剂	375	455	494	58	68	70

商品构成出口总额（HS2）

类　章	亿元人民币			亿美元		
	2021 年	2022 年	2023 年	2021 年	2022 年	2023 年
35 章 蛋白类物质；改性淀粉；胶；酶	276	323	317	43	49	45
36 章 炸药；烟火制品；火柴；引火合金；易燃材料制品	57	81	79	9	12	11
37 章 照相及电影用品	79	95	89	12	14	13
38 章 杂项化学产品	1825	3131	2290	283	473	326
第七类 塑料及其制品；橡胶及其制品	**10287**	**11435**	**11603**	**1592**	**1718**	**1651**
39 章 塑料及其制品	8286	9351	9238	1282	1405	1314
40 章 橡胶及其制品	2000	2084	2366	310	313	336
第八类 生皮、皮革、毛皮及其制品；鞍具及挽具；旅行用品、手提包及类似品；动物肠线（蚕胶丝除外）制品	**2160**	**2707**	**2857**	**334**	**405**	**406**
41 章 生皮（毛皮除外）及皮革	63	64	63	10	10	9
42 章 皮革制品；鞍具及挽具；旅行用品、手提包及类似容器；动物肠线（蚕胶丝除外）制品	1921	2505	2696	297	375	383
43 章 毛皮、人造毛皮及其制品	176	137	98	27	20	14
第九类 木及木制品；木炭；软木及软木制品；稻草、秸秆、针茅或其他编结材料制品；篮筐及柳条编结品	**1327**	**1326**	**1218**	**205**	**200**	**173**
44 章 木及木制品；木炭	1187	1199	1105	184	181	157
45 章 软木及软木制品	3	3	3	0	0	0
46 章 稻草、秸秆、针茅或其他编结材料制品；篮筐及柳条编结品	137	125	110	21	19	16
第十类 木浆及其他纤维状纤维素浆；回收（废碎）纸或纸板；纸、纸板及其制品	**1795**	**2364**	**2344**	**278**	**354**	**333**
47 章 木浆及其他纤维状纤维素浆；回收（废碎）纸或纸板	12	28	20	2	4	3
48 章 纸及纸板；纸浆、纸或纸板制品	1505	2049	2041	233	307	290
49 章 书籍、报纸、印刷图画及其他印刷品；手稿、打字稿及设计图纸	278	287	283	43	43	40
第十一类 纺织原料及纺织制品	**19421**	**21040**	**2344**	**3006**	**3158**	**2905**

商品构成出口总额（HS2）

类　章	亿元人民币			亿美元		
	2021 年	2022 年	2023 年	2021 年	2022 年	2023 年
50 章 蚕丝	42	62	56	7	9	8
51 章 羊毛、动物细毛或粗毛；马毛纱线及其机织物	125	149	144	19	22	21
52 章 棉花	884	878	748	137	132	106
53 章 其他植物纺织纤维；纸纱线及其机织物	89	108	113	14	16	16
54 章 化学纤维长丝；化学纤维纺织材料制扁条及类似品	1649	1961	2012	255	295	286
55 章 化学纤维短纤	833	961	928	129	145	132
56 章 絮胎、毡呢及无纺织物；特种纱线；线、绳、索、缆及其制品	533	521	531	82	78	76
57 章 地毯及纺织材料的其他铺地制品	240	253	281	37	38	40
58 章 特种机织物；簇绒织物；花边；装饰毯；装饰带；刺绣品	359	400	399	56	60	57
59 章 浸渍、涂布、包覆或层压的纺织物；工业用纺织制品	597	677	650	92	102	93
60 章 针织物及钩编织物	1487	1575	1513	230	237	215
61 章 针织或钩编的服装及衣着附件	5501	5980	5797	852	896	823
62 章 非针织或非钩编的服装及衣着附件	4419	5045	4938	684	755	702
63 章 其他纺织制成品；成套物品；旧衣着及旧纺织品；碎织物	2664	2471	2333	412	372	332
第十二类 鞋、帽、伞、杖、鞭及其零件；已加工的羽毛及其制品；人造花；人发制品	**4615**	**5544**	**5104**	**714**	**831**	**726**
64 章 鞋靴、护腿和类似品及其零件	3277	4058	3727	507	608	530
65 章 帽类及其零件	354	455	421	55	68	60
66 章 雨伞、阳伞、手杖、鞭子、马鞭及其零件	193	237	229	30	36	33
67 章 已加工羽毛、羽绒及其制品；人造花；人发制品	790	794	726	122	119	103
第十三类 石料、石膏、水泥、石棉、云母及类似材料的制品；陶瓷产品；玻璃及其制品	**4233**	**4790**	**4532**	**655**	**717**	**645**

商品构成出口总额（HS2）

类　章	亿元人民币			亿美元		
	2021 年	2022 年	2023 年	2021 年	2022 年	2023 年
68 章 石料、石膏、水泥、石棉、云母及类似材料的制品	862	1001	915	133	150	130
69 章 陶瓷产品	1875	2062	1834	290	308	261
70 章 玻璃及其制品	1496	1727	1783	232	259	254
第十四类 天然或养殖珍珠、宝石或半宝石、贵金属、包贵金属及其制品；仿首饰；硬币	**1864**	**1997**	**2197**	**289**	**297**	**312**
71 章 天然或养殖珍珠、宝石或半宝石、贵金属、包贵金属及其制品；仿首饰；硬币	1864	1997	2197	289	297	312
第十五类 贱金属及其制品	**16664**	**19546**	**18831**	**2579**	**2937**	**2681**
72 章 钢铁	4199	4913	4837	650	740	690
73 章 钢铁制品	5990	7122	6829	927	1067	972
74 章 铜及其制品	675	703	704	104	107	100
75 章 镍及其制品	32	79	107	5	12	15
76 章 铝及其制品	2229	2776	2453	345	418	349
77 章 （保留为协调制度将来所用）						
78 章 铅及其制品	18	21	33	3	3	5
79 章 锌及其制品	14	32	12	2	5	2
80 章 锡及其制品	31	26	25	5	4	4
81 章 其他贱金属、金属陶瓷及其制品	310	429	345	48	65	49
82 章 贱金属工具、器具、利口器、餐匙、餐叉及其零件	1472	1582	1654	228	237	235
83 章 贱金属杂项制品	1695	1862	1833	262	279	260
第十六类 机器、机械器具、电气设备及其零件；录音机及放声机、电视图像、声音的录制和重放设备及其零件、附件	**92671**	**99417**	**98943**	**14346**	**14909**	**14067**
84 章 核反应堆、锅炉、机器、机械器具及其零件	35170	36547	35892	5443	5486	5105
85 章 电机、电气设备及其零件；录音机及放声机、电视图像、声音的录制和重放设备及其零件、附件	57502	62870	63051	8902	9423	8961

商品构成出口总额（HS2）

续表 5

类　章	亿元人民币			亿美元		
	2021 年	2022 年	2023 年	2021 年	2022 年	2023 年
第十七类 车辆、航空器、船舶及有关运输设备	**11117**	**13277**	**17100**	**1720**	**1985**	**2428**
86 章 铁道及电车道机车、车辆及其零件；铁道及电车道轨道固定装置及其零件、附件；各种机械（包括电动机械）交通信号设备	1685	1218	824	261	184	117
87 章 车辆及其零件、附件，但铁道及电车道车辆除外	7713	9988	13556	1193	1492	1925
88 章 航空器、航天器及其零件	157	312	475	24	47	67
89 章 船舶及浮动结构体	1562	1760	2245	242	263	319
第十八类 光学、照相、电影、计量、检验、医疗或外科用仪器及设备、精密仪器及设备；钟表；乐器；上述物品的零件、附件	**6682**	**5073**	**5364**	**1034**	**759**	**763**
90 章 光学、照相、电影、计量、检验、医疗或外科用仪器及设备、精密仪器及设备；上述物品的零件、附件	6239	4613	4881	966	690	694
91 章 钟表及其零件	296	316	337	46	47	48
92 章 乐器及其零件、附件	148	143	146	23	21	21
第十九类 武器、弹药及其零件、附件	**20**	**18**	**15**	**3**	**3**	**2**
93 章 武器、弹药及其零件、附件	20	18	15	3	3	2
第二十类 杂项制品	**16470**	**16890**	**16705**	**2548**	**2532**	**2374**
94 章 家具；寝具、褥垫、弹簧床垫、软坐垫及类似的填充制品；未列名灯具及照明装置；发光标志、发光铭牌及类似品；活动房屋	8697	8452	8547	1346	1269	1214
95 章 玩具、游戏品、运动用品及其零件、附件	6302	6675	6229	975	999	885
96 章 杂项制品	1472	1763	1929	228	264	274
第二十一类 艺术品、收藏品及古物	**149**	**64**	**79**	**23**	**10**	**11**
97 章 艺术品、收藏品及古物	149	64	79	23	10	11
第二十二类 特殊交易品及未分类商品	**2411**	**3338**	**4895**	**372**	**498**	**694**
98 章 特殊交易品及未分类商品	2256	2946	4730	348	440	671
99 章 跨境电商 B2B 简化申报商品	155	392	165	24	58	24

注：2020 年 7 月起，增加第 99 章，用于统计跨境电商 B2B 出口简化申报商品。

商品构成进口总额（SITC）

商品构成（按 SITC 分类）	亿元人民币			亿美元		
	2021 年	2022 年	2023 年	2021 年	2022 年	2023 年
总　额	**173137**	**180391**	**179854**	**26794**	**27065**	**25569**
一、初级产品	**62998**	**72527**	**76352**	**9750**	**10883**	**10862**
0 类 食品及活动物	7942	8740	9065	1228	1312	1290
1 类 饮料及烟类	491	471	555	76	70	79
2 类 非食用原料（燃料除外）	27446	26719	29482	4246	4015	4195
3 类 矿物燃料、润滑油及有关原料	26175	35726	36293	4053	5357	5162
4 类 动植物油、脂及蜡	943	870	957	146	129	136
二、工业制成品	**110139**	**107864**	**103502**	**17044**	**16182**	**14707**
5 类 化学成品及有关产品	17062	17749	16796	2640	2663	2390
6 类 按原料分类的制成品	13571	13165	11839	2101	1978	1683
7 类 机械及运输设备	64656	62310	58475	10006	9359	8302
8 类 杂项制品	10944	8936	9186	1693	1338	1305
9 类 未分类的商品	3906	5704	7205	604	844	1028

商品构成出口总额（SITC）

商品构成 (按 SITC 分类)	亿元人民币			亿美元		
	2021 年	2022 年	2023 年	2021 年	2022 年	2023 年
总　额	**214255**	**236337**	**237656**	**33160**	**35444**	**33790**
一、初级产品	**9032**	**11284**	**11538**	**1397**	**1690**	**1641**
0 类 食品及活动物	4509	4904	5157	698	735	733
1 类 饮料及烟类	176	205	266	27	31	38
2 类 非食用原料 (燃料除外)	1422	1648	1571	220	248	224
3 类 矿物燃料、润滑油及有关原料	2775	4290	4301	428	642	612
4 类 动植物油、脂及蜡	151	237	244	23	36	35
二、工业制成品	**205224**	**225053**	**226118**	**31764**	**33754**	**32150**
5 类 化学成品及有关产品	16977	20708	18252	2628	3116	2599
6 类 按原料分类的制成品	34228	39051	38189	5297	5866	5435
7 类 机械及运输设备	103636	112525	115844	16042	16868	16467
8 类 杂项制品	47768	49213	48662	7392	7372	6916
9 类 未分类的商品	2614	3555	5171	404	531	733

商品构成进口总额（BEC）

商品构成（按 BEC 分类）	亿元人民币			亿美元		
	2021 年	2022 年	2023 年	2021 年	2022 年	2023 年
总　额	**173137**	**180391**	**179854**	**26794**	**27065**	**25569**
1　食品和饮料	**11941**	**13181**	**13794**	**1847**	**1974**	**1963**
11　初级品	5910	6659	7290	914	1000	1038
111　主要用于工业	4444	5051	5448	688	758	776
112　主要用于家庭消费	1466	1608	1842	227	242	262
12　加工品	6031	6522	6504	933	975	925
121　主要用于工业	1300	1273	1393	201	189	198
122　主要用于家庭消费	4731	5249	5111	732	785	727
2　未列名的工业供应品	**86116**	**90703**	**89153**	**13329**	**13614**	**12678**
21　初级品	21718	19820	22205	3360	2982	3159
22　加工品	64398	70882	66947	9969	10631	9519
3　燃料和润滑油	**24967**	**34787**	**35570**	**3866**	**5216**	**5059**
31　初级品	19789	28434	28857	3064	4264	4104
32　加工品	5178	6352	6713	802	952	955
321　汽油	1080	1310	1971	167	196	280
322　其他	4099	5042	4742	635	756	675
4　资本货品（运输设备除外）及其零件和附件	**34038**	**27043**	**26306**	**5267**	**4060**	**3734**
41　资本货品（运输设备除外）	18445	15742	16449	2854	2363	2333
42　零件和附件	15594	11301	9858	2413	1696	1401
5　运输设备及其零件和附件	**7956**	**7556**	**7443**	**1230**	**1136**	**1056**
51　机动小客车	3420	3462	3242	528	522	459
52　其他	810	742	782	125	110	112
521　工业用	716	638	679	111	94	97
522　非工业用	95	104	103	15	15	15
53　零件和附件	3726	3353	3419	576	504	485
6　未列名的消费品	**7248**	**6592**	**6813**	**1121**	**986**	**969**
61　耐用品	1327	1052	1234	205	157	175
62　半耐用品	2144	1946	2036	331	291	289
63　非耐用品	3777	3593	3543	584	537	504
7　未列名的货品	**870**	**531**	**776**	**134**	**79**	**110**

注：2021 年 BEC 参数调整较大。

商品构成出口总额（BEC）

商品构成（按 BEC 分类）	亿元人民币			亿美元		
	2021 年	2022 年	2023 年	2021 年	2022 年	2023 年
总　额	214100	236337	237656	33136	35444	33790
1　食品和饮料	4588	5038	5348	710	754	760
11　初级品	1458	1482	1654	226	221	235
111　主要用于工业	165	190	192	26	29	27
112　主要用于家庭消费	1293	1291	1462	200	193	207
12　加工品	3130	3556	3694	484	533	526
121　主要用于工业	170	228	275	26	34	39
122　主要用于家庭消费	2960	3328	3419	458	499	486
2　未列名的工业供应品	65842	78754	74578	10192	11833	10611
21　初级品	1006	1070	991	156	161	141
22　加工品	64836	77684	73587	10036	11672	10470
3　燃料和润滑油	2636	4073	4131	407	609	587
31　初级品	209	316	283	32	47	40
32　加工品	2428	3757	3849	375	561	547
321　汽油	2103	3226	3400	325	481	483
322　其他	324	531	449	50	80	64
4　资本货品（运输设备除外）及其零件和附件	79176	79828	78352	12256	11965	11140
41　资本货品（运输设备除外）	55539	56010	55044	8598	8394	7823
42　零件和附件	23637	23818	23308	3659	3571	3317
5　运输设备及其零件和附件	15466	19337	24617	2393	2890	3497
51　机动小客车	1449	2865	5327	224	424	755
52　其他	5262	5216	6063	814	783	861
521　工业用	3865	3871	4751	598	580	674
522　非工业用	1397	1345	1312	216	202	187
53　零件和附件	8755	11256	13227	1355	1683	1881
6　未列名的消费品	44103	45943	45704	6825	6891	6496
61　耐用品	11661	10717	11207	1804	1610	1594
62　半耐用品	25811	28052	27542	3994	4205	3914
63　非耐用品	6631	7174	6954	1026	1076	988
7　未列名的货品	2289	2972	4926	353	444	699

注：2021 年 BEC 参数调整较大。

114

四、地区

地区进出口总额（人民币）

（按收发货人所在地分）

单位：亿元

序号	地　区	2000 年	2005 年	2010 年	2015 年	2020 年
	总　额	39176	116922	201722	245515	322215
1	广东省	14080	35122	53203	63530	70871
2	江苏省	3782	18735	31594	33868	44504
3	浙江省	2290	8842	17199	21528	33848
4	上海市	4531	15338	25035	27908	34873
5	北京市	4090	10332	20478	19828	23313
6	山东省	2073	6329	12830	14950	22130
7	福建省	1727	4478	7376	10480	14098
8	四川省	212	649	2218	3173	8089
9	河南省	191	636	1209	4597	6679
10	安徽省	278	750	1646	2977	5452
11	天津市	1421	4386	5579	7096	7368
12	辽宁省	1571	3377	5476	5951	6569
13	重庆市	148	354	842	4615	6514
14	广西壮族自治区	168	426	1202	3186	4870
15	湖北省	267	745	1760	2836	4305
16	湖南省	206	494	994	1821	4885
17	河北省	428	1323	2857	3194	4457
18	江西省	133	334	1464	2629	4025
19	陕西省	175	377	822	1895	3778
20	新疆维吾尔自治区	185	653	1160	1225	1483
21	黑龙江省	248	786	1731	1302	1539
22	云南省	147	390	912	1521	2693
23	海南省	101	209	586	869	936
24	内蒙古自治区	216	401	592	789	1054
25	山西省	145	457	855	912	1504
26	吉林省	210	538	1142	1172	1282
27	贵州省	55	115	214	761	547
28	甘肃省	47	217	503	494	382
29	宁夏回族自治区	37	80	133	231	123
30	西藏自治区	1	17	57	57	21
31	青海省	13	34	54	120	23
	＊东部地区	34525	105093	176738	203244	256398
	＊东北地区	2029	4701	8349	8425	9391
	＊中部地区	1219	3416	7927	15769	26849
	＊西部地区	1404	3712	8709	18065	29577

地区进出口总额（人民币）

序号	地　区	2019 年	2020 年	2021 年	2022 年	2023 年
	总　额	**315627**	**322215**	**387392**	**416728**	**417510**
1	广东省	71488	70871	82490	82793	83017
2	江苏省	43383	44504	51617	54218	52495
3	浙江省	30838	33848	41406	46827	48998
4	上海市	34054	34873	40605	41813	42135
5	北京市	28690	23313	30411	36358	36449
6	山东省	20471	22130	28296	32089	32666
7	福建省	13309	14098	18342	19777	19740
8	四川省	6790	8089	9396	9972	9558
9	河南省	5715	6679	8112	8427	8108
10	安徽省	4737	5452	6800	7469	8053
11	天津市	7346	7368	8382	8287	8009
12	辽宁省	7259	6569	7708	7901	7667
13	重庆市	5792	6514	7900	7996	7129
14	广西壮族自治区	4696	4870	5930	6462	6914
15	湖北省	3946	4305	5246	6099	6442
16	湖南省	4340	4885	5491	7023	6173
17	河北省	4002	4457	5338	5419	5828
18	江西省	3510	4025	4974	6343	5686
19	陕西省	3515	3778	4726	4752	4042
20	新疆维吾尔自治区	1641	1483	1558	2448	3574
21	黑龙江省	1867	1539	1993	2652	2980
22	云南省	2324	2693	2959	3154	2588
23	海南省	906	936	1459	2005	2314
24	内蒙古自治区	1097	1054	1231	1507	1960
25	山西省	1448	1504	2131	1828	1691
26	吉林省	1303	1282	1504	1559	1679
27	贵州省	453	547	649	681	759
28	甘肃省	380	382	474	565	492
29	宁夏回族自治区	241	123	196	215	205
30	西藏自治区	49	21	40	46	110
31	青海省	38	23	32	40	49
	＊东部地区	254487	256398	308345	329587	331650
	＊东北地区	10429	9391	11205	12112	12326
	＊中部地区	23696	26849	32754	37189	36154
	＊西部地区	27015	29577	35089	37839	37379

注：1. 按 2023 年进出口总额降序排列。

　　2. 带"＊"数据不参与排序。

地区进出口总额占比（人民币）

（按收发货人所在地分）

单位:%

序号	地　区	2000 年	2005 年	2010 年	2015 年	2020 年
	总　额	**100.0**	**100.0**	**100.0**	**100.0**	**100.0**
1	广东省	35.9	30.0	26.4	25.9	22.0
2	江苏省	9.6	16.0	15.7	13.8	13.8
3	浙江省	5.8	7.6	8.5	8.8	10.5
4	上海市	11.5	13.1	12.4	11.4	10.8
5	北京市	10.4	8.8	10.2	8.1	7.2
6	山东省	5.3	5.4	6.4	6.1	6.9
7	福建省	4.4	3.8	3.7	4.3	4.4
8	四川省	0.5	0.6	1.1	1.3	2.5
9	河南省	0.5	0.5	0.6	1.9	2.1
10	安徽省	0.7	0.6	0.8	1.2	1.7
11	天津市	3.6	3.8	2.8	2.9	2.3
12	辽宁省	4.0	2.9	2.7	2.4	2.0
13	重庆市	0.4	0.3	0.4	1.9	2.0
14	广西壮族自治区	0.4	0.4	0.6	1.3	1.5
15	湖北省	0.7	0.6	0.9	1.2	1.3
16	湖南省	0.5	0.4	0.5	0.7	1.5
17	河北省	1.1	1.1	1.4	1.3	1.4
18	江西省	0.3	0.3	0.7	1.1	1.2
19	陕西省	0.4	0.3	0.4	0.8	1.2
20	新疆维吾尔自治区	0.5	0.6	0.6	0.5	0.5
21	黑龙江省	0.6	0.7	0.9	0.5	0.5
22	云南省	0.4	0.3	0.5	0.6	0.8
23	海南省	0.3	0.2	0.3	0.4	0.3
24	内蒙古自治区	0.5	0.3	0.3	0.3	0.3
25	山西省	0.4	0.4	0.4	0.4	0.5
26	吉林省	0.5	0.5	0.6	0.5	0.4
27	贵州省	0.1	0.1	0.1	0.3	0.2
28	甘肃省	0.1	0.2	0.2	0.2	0.1
29	宁夏回族自治区	0.1	0.1	0.1	0.1	0.0
30	西藏自治区	0.0	0.0	0.0	0.0	0.0
31	青海省	0.0	0.0	0.0	0.0	0.0
	＊东部地区	88.1	89.9	87.6	82.8	79.6
	＊东北地区	5.2	4.0	4.1	3.4	2.9
	＊中部地区	3.1	2.9	3.9	6.4	8.3
	＊西部地区	3.6	3.2	4.3	7.4	9.2

地区进出口总额占比（人民币）

序号	地　区	2019 年	2020 年	2021 年	2022 年	2023 年
	总　额	**100.0**	**100.0**	**100.0**	**100.0**	**100.0**
1	广东省	22.6	22.0	21.3	19.9	19.9
2	江苏省	13.7	13.8	13.3	13.0	12.6
3	浙江省	9.8	10.5	10.7	11.2	11.7
4	上海市	10.8	10.8	10.5	10.0	10.1
5	北京市	9.1	7.2	7.9	8.7	8.7
6	山东省	6.5	6.9	7.3	7.7	7.8
7	福建省	4.2	4.4	4.7	4.7	4.7
8	四川省	2.2	2.5	2.4	2.4	2.3
9	河南省	1.8	2.1	2.1	2.0	1.9
10	安徽省	1.5	1.7	1.8	1.8	1.9
11	天津市	2.3	2.3	2.2	2.0	1.9
12	辽宁省	2.3	2.0	2.0	1.9	1.8
13	重庆市	1.8	2.0	2.0	1.9	1.7
14	广西壮族自治区	1.5	1.5	1.5	1.6	1.7
15	湖北省	1.3	1.3	1.4	1.5	1.5
16	湖南省	1.4	1.5	1.4	1.7	1.5
17	河北省	1.3	1.4	1.4	1.3	1.4
18	江西省	1.1	1.2	1.3	1.5	1.4
19	陕西省	1.1	1.2	1.2	1.1	1.0
20	新疆维吾尔自治区	0.5	0.5	0.4	0.6	0.9
21	黑龙江省	0.6	0.5	0.5	0.6	0.7
22	云南省	0.7	0.8	0.8	0.8	0.6
23	海南省	0.3	0.3	0.4	0.5	0.6
24	内蒙古自治区	0.3	0.3	0.3	0.4	0.5
25	山西省	0.5	0.5	0.6	0.4	0.4
26	吉林省	0.4	0.4	0.4	0.4	0.4
27	贵州省	0.1	0.2	0.2	0.2	0.2
28	甘肃省	0.1	0.1	0.1	0.1	0.1
29	宁夏回族自治区	0.1	0.0	0.1	0.1	0.0
30	西藏自治区	0.0	0.0	0.0	0.0	0.0
31	青海省	0.0	0.0	0.0	0.0	0.0
	＊东部地区	80.6	79.6	79.6	79.1	79.4
	＊东北地区	3.3	2.9	2.9	2.9	3.0
	＊中部地区	7.5	8.3	8.5	8.9	8.7
	＊西部地区	8.6	9.2	9.1	9.1	9.0

注：1. 按 2023 年进出口总额占比降序排列。

　　2. 带"＊"数据不参与排序。

地区进出口总额（美元）

单位：亿美元

序号	地　区	2000 年	2005 年	2010 年	2015 年	2020 年
	总　　额	4728	14219	29740	39530	46559
1	广东省	1700	4280	7849	10225	10240
2	江苏省	456	2279	4658	5456	6428
3	浙江省	276	1074	2535	3468	4885
4	上海市	547	1863	3690	4492	5038
5	北京市	494	1255	3017	3194	3365
6	山东省	250	767	1892	2406	3202
7	福建省	208	544	1088	1689	2036
8	四川省	25	79	327	512	1169
9	河南省	23	77	178	738	973
10	安徽省	33	91	243	479	787
11	天津市	172	533	821	1143	1063
12	辽宁省	190	410	807	959	948
13	重庆市	18	43	124	745	942
14	广西壮族自治区	20	52	177	511	704
15	湖北省	32	91	259	456	622
16	湖南省	25	60	147	293	707
17	河北省	52	161	421	515	645
18	江西省	16	41	216	424	580
19	陕西省	21	46	121	305	546
20	新疆维吾尔自治区	22	79	171	197	214
21	黑龙江省	30	96	255	210	222
22	云南省	18	47	134	245	391
23	海南省	12	25	86	140	136
24	内蒙古自治区	26	49	87	127	152
25	山西省	18	55	126	147	218
26	吉林省	25	65	168	189	185
27	贵州省	7	14	31	122	79
28	甘肃省	6	26	74	80	55
29	宁夏回族自治区	4	10	20	37	18
30	西藏自治区	0	2	8	9	3
31	青海省	2	4	8	19	3
	＊东部地区	4168	12782	26057	32728	37039
	＊东北地区	245	571	1231	1358	1356
	＊中部地区	147	415	1169	2536	3888
	＊西部地区	169	451	1284	2909	4277

地区进出口总额（美元）

序号	地　区	2019 年	2020 年	2021 年	2022 年	2023 年
	总　额	**45779**	**46559**	**59954**	**62509**	**59360**
1	广东省	10366	10240	12766	12424	11799
2	江苏省	6295	6428	7989	8143	7462
3	浙江省	4472	4885	6407	7033	6968
4	上海市	4939	5038	6285	6258	5992
5	北京市	4165	3365	4706	5452	5185
6	山东省	2970	3202	4380	4812	4644
7	福建省	1931	2036	2838	2967	2808
8	四川省	984	1169	1455	1496	1359
9	河南省	825	973	1256	1265	1152
10	安徽省	687	787	1052	1122	1144
11	天津市	1066	1063	1297	1244	1139
12	辽宁省	1053	948	1192	1187	1091
13	重庆市	839	942	1223	1203	1014
14	广西壮族自治区	682	704	917	960	982
15	湖北省	572	622	812	917	915
16	湖南省	628	707	850	1049	880
17	河北省	580	645	826	812	828
18	江西省	509	580	770	952	811
19	陕西省	510	546	731	714	575
20	新疆维吾尔自治区	237	214	241	365	507
21	黑龙江省	271	222	309	397	424
22	云南省	337	391	458	472	368
23	海南省	132	136	226	300	329
24	内蒙古自治区	159	152	190	225	278
25	山西省	210	218	330	275	240
26	吉林省	189	185	232	234	238
27	贵州省	66	79	100	101	108
28	甘肃省	55	55	73	85	70
29	宁夏回族自治区	35	18	30	32	29
30	西藏自治区	7	3	6	7	15
31	青海省	5	3	5	6	7
	＊东部地区	36917	37039	47721	49446	47153
	＊东北地区	1513	1356	1733	1817	1752
	＊中部地区	3431	3888	5070	5579	5142
	＊西部地区	3918	4277	5431	5668	5313

注：1. 按 2023 年进出口总额降序排列。

　　2. 带"＊"数据不参与排序。

地区进口总额（人民币）

（按收发货人所在地分）

单位：亿元

序号	地 区	2000 年	2005 年	2010 年	2015 年	2020 年
	总 额	10593	54274	94700	104336	142936
1	广东省	6471	15580	22484	23572	27381
2	江苏省	1649	8625	13242	12847	17070
3	浙江省	692	2520	4955	4373	8679
4	上海市	2430	7871	12771	15744	21152
5	北京市	3099	7791	16712	16433	18649
6	山东省	783	2526	5760	6003	9083
7	福建省	680	1610	2528	3487	5625
8	四川省	93	263	940	1125	3435
9	河南省	65	217	495	1913	2604
10	安徽省	98	323	804	967	2291
11	天津市	707	2132	3031	3919	4294
12	辽宁省	673	1447	2551	2807	3917
13	重庆市	65	146	335	1198	2326
14	广西壮族自治区	45	190	552	1446	2162
15	湖北省	107	381	780	1019	1603
16	湖南省	71	185	454	634	1581
17	河北省	124	424	1324	1153	1936
18	江西省	35	134	556	577	1106
19	陕西省	67	124	400	977	1848
20	新疆维吾尔自治区	87	239	281	135	385
21	黑龙江省	127	287	626	805	1179
22	云南省	51	173	395	490	1174
23	海南省	39	125	428	637	659
24	内蒙古自治区	137	255	366	439	705
25	山西省	44	166	535	389	630
26	吉林省	107	335	839	886	991
27	贵州省	19	45	83	143	115
28	甘肃省	13	127	392	133	297
29	宁夏回族自治区	10	23	54	48	37
30	西藏自治区	1	3	4	20	8
31	青海省	4	7	22	18	11
	＊东部地区	16674	49204	83235	88168	114528
	＊东北地区	907	2069	4016	4499	6088
	＊中部地区	419	1406	3624	5498	9816
	＊西部地区	591	1594	3824	6171	12505

地区进口总额（人民币）

序号	地　区	2019 年	2020 年	2021 年	2022 年	2023 年
	总　额	**143254**	**142936**	**173137**	**180391**	**179854**
1	广东省	28072	27381	32141	29723	28643
2	江苏省	16171	17070	19539	19628	18779
3	浙江省	7762	8679	11298	12496	13335
4	上海市	20329	21152	24891	24712	24764
5	北京市	23517	18649	24288	30474	30449
6	山东省	9341	9083	11679	12869	13237
7	福建省	5026	5625	7612	7680	7974
8	四川省	2886	3435	3812	3856	3527
9	河南省	1959	2604	3174	3270	2828
10	安徽省	1952	2291	2818	2770	2823
11	天津市	4328	4294	4550	4558	4377
12	辽宁省	4129	3917	4410	4325	4132
13	重庆市	2079	2326	2827	2902	2352
14	广西壮族自治区	2098	2162	2992	2877	3288
15	湖北省	1460	1603	1858	1961	2117
16	湖南省	1263	1581	1676	1890	2165
17	河北省	1632	1936	2382	2211	2324
18	江西省	1014	1106	1307	1593	1758
19	陕西省	1642	1848	2178	1779	1411
20	新疆维吾尔自治区	390	385	296	372	549
21	黑龙江省	1517	1179	1546	2106	2220
22	云南省	1286	1174	1376	1700	1662
23	海南省	562	659	1140	1283	1574
24	内蒙古自治区	721	705	756	893	1179
25	山西省	641	630	825	631	641
26	吉林省	979	991	1151	1057	1052
27	贵州省	126	115	164	256	239
28	甘肃省	249	297	379	446	368
29	宁夏回族自治区	92	37	38	54	56
30	西藏自治区	11	8	18	3	12
31	青海省	17	11	15	16	19
	＊东部地区	116741	114528	139521	145634	145456
	＊东北地区	6625	6088	7106	7488	7404
	＊中部地区	8289	9816	11658	12115	12331
	＊西部地区	11598	12505	14852	15153	14662

注：1. 按 2023 年进出口总额降序排列。

　　2. 带"＊"数据不参与排序。

地区进口总额占比（人民币）

（按收发货人所在地分）

单位:%

序号	地　区	2000 年	2005 年	2010 年	2015 年	2020 年
	总　额	100.0	100.0	100.0	100.0	100.0
1	广东省	34.7	28.7	23.7	22.6	19.2
2	江苏省	8.9	15.9	14.0	12.3	11.9
3	浙江省	3.7	4.6	5.2	4.2	6.1
4	上海市	13.1	14.5	13.5	15.1	14.8
5	北京市	16.7	14.4	17.6	15.8	13.0
6	山东省	4.2	4.7	6.1	5.8	6.4
7	福建省	3.7	3.0	2.7	3.3	3.9
8	四川省	0.5	0.5	1.0	1.1	2.4
9	河南省	0.3	0.4	0.5	1.8	1.8
10	安徽省	0.5	0.6	0.8	0.9	1.6
11	天津市	3.8	3.9	3.2	3.8	3.0
12	辽宁省	3.6	2.7	2.7	2.7	2.7
13	重庆市	0.3	0.3	0.4	1.1	1.6
14	广西壮族自治区	0.2	0.4	0.6	1.4	1.5
15	湖北省	0.6	0.7	0.8	1.0	1.1
16	湖南省	0.4	0.3	0.5	0.6	1.1
17	河北省	0.7	0.8	1.4	1.1	1.4
18	江西省	0.2	0.2	0.6	0.6	0.8
19	陕西省	0.4	0.2	0.4	0.9	1.3
20	新疆维吾尔自治区	0.5	0.4	0.3	0.1	0.3
21	黑龙江省	0.7	0.5	0.7	0.8	0.8
22	云南省	0.3	0.3	0.4	0.5	0.8
23	海南省	0.2	0.2	0.5	0.6	0.5
24	内蒙古自治区	0.7	0.5	0.4	0.4	0.5
25	山西省	0.2	0.3	0.6	0.4	0.4
26	吉林省	0.6	0.6	0.9	0.8	0.7
27	贵州省	0.1	0.1	0.1	0.1	0.1
28	甘肃省	0.1	0.2	0.4	0.1	0.2
29	宁夏回族自治区	0.1	0.0	0.1	0.0	0.0
30	西藏自治区	0.0	0.0	0.0	0.0	0.0
31	青海省	0.0	0.0	0.0	0.0	0.0
	＊东部地区	89.7	90.7	87.9	84.5	80.1
	＊东北地区	4.9	3.8	4.2	4.3	4.3
	＊中部地区	2.2	2.6	3.8	5.3	6.9
	＊西部地区	3.2	2.9	4.0	5.9	8.7

地区进口总额占比（人民币）

序号	地　区	2019 年	2020 年	2021 年	2022 年	2023 年
	总　额	**100.0**	**100.0**	**100.0**	**100.0**	**100.0**
1	广东省	19.6	19.2	18.6	16.5	15.9
2	江苏省	11.3	11.9	11.3	10.9	10.4
3	浙江省	5.4	6.1	6.5	6.9	7.4
4	上海市	14.2	14.8	14.4	13.7	13.8
5	北京市	16.4	13.0	14.0	16.9	16.9
6	山东省	6.5	6.4	6.7	7.1	7.4
7	福建省	3.5	3.9	4.4	4.3	4.4
8	四川省	2.0	2.4	2.2	2.1	2.0
9	河南省	1.4	1.8	1.8	1.8	1.6
10	安徽省	1.4	1.6	1.6	1.5	1.6
11	天津市	3.0	3.0	2.6	2.5	2.4
12	辽宁省	2.9	2.7	2.5	2.4	2.3
13	重庆市	1.5	1.6	1.6	1.6	1.3
14	广西壮族自治区	1.5	1.5	1.7	1.6	1.8
15	湖北省	1.0	1.1	1.1	1.1	1.2
16	湖南省	0.9	1.1	1.0	1.0	1.2
17	河北省	1.1	1.4	1.4	1.2	1.3
18	江西省	0.7	0.8	0.8	0.9	1.0
19	陕西省	1.1	1.3	1.3	1.0	0.8
20	新疆维吾尔自治区	0.3	0.3	0.2	0.2	0.3
21	黑龙江省	1.1	0.8	0.9	1.2	1.2
22	云南省	0.9	0.8	0.8	0.9	0.9
23	海南省	0.4	0.5	0.7	0.7	0.9
24	内蒙古自治区	0.5	0.5	0.4	0.5	0.7
25	山西省	0.4	0.4	0.5	0.3	0.4
26	吉林省	0.7	0.7	0.7	0.6	0.6
27	贵州省	0.1	0.1	0.1	0.1	0.1
28	甘肃省	0.2	0.2	0.2	0.2	0.2
29	宁夏回族自治区	0.1	0.0	0.0	0.0	0.0
30	西藏自治区	0.0	0.0	0.0	0.0	0.0
31	青海省	0.0	0.0	0.0	0.0	0.0
	＊东部地区	81.5	80.1	80.6	80.7	80.9
	＊东北地区	4.6	4.3	4.1	4.2	4.1
	＊中部地区	5.8	6.9	6.7	6.7	6.9
	＊西部地区	8.1	8.7	8.6	8.4	8.2

注：1. 按 2023 年进出口总额占比降序排列。

　　2. 带"＊"数据不参与排序。

地区进口总额（美元）

（按收发货人所在地分）

单位：亿美元

序号	地　区	2000 年	2005 年	2010 年	2015 年	2020 年
	总　额	2243	6600	13962	16796	20660
1	广东省	781	1898	3317	3793	3958
2	江苏省	199	1050	1953	2069	2467
3	浙江省	84	306	731	705	1254
4	上海市	293	956	1882	2533	3058
5	北京市	374	946	2463	2648	2693
6	山东省	95	306	849	967	1313
7	福建省	82	196	373	562	812
8	四川省	12	32	139	181	497
9	河南省	8	26	73	307	380
10	安徽省	12	39	119	156	331
11	天津市	85	259	446	632	620
12	辽宁省	81	176	376	452	565
13	重庆市	8	18	49	193	337
14	广西壮族自治区	5	23	81	232	312
15	湖北省	13	46	115	164	232
16	湖南省	9	23	67	102	229
17	河北省	15	51	195	186	280
18	江西省	4	16	82	93	160
19	陕西省	8	15	59	157	267
20	新疆维吾尔自治区	10	29	42	22	55
21	黑龙江省	15	35	92	130	170
22	云南省	6	21	58	79	170
23	海南省	5	15	63	102	96
24	内蒙古自治区	16	31	54	71	102
25	山西省	5	20	79	63	92
26	吉林省	13	41	124	143	143
27	贵州省	2	5	12	23	17
28	甘肃省	2	15	58	21	43
29	宁夏回族自治区	1	3	8	8	5
30	西藏自治区	0	0	1	3	1
31	青海省	0	1	3	3	2
	＊东部地区	2015	5984	12272	14196	16551
	＊东北地区	110	251	592	725	879
	＊中部地区	50	171	534	884	1423
	＊西部地区	71	194	564	992	1808

地区进口总额（美元）

序号	地 区	2019 年	2020 年	2021 年	2022 年	2023 年
	总 额	**20784**	**20660**	**26794**	**27065**	**25569**
1	广东省	4072	3958	4975	4463	4070
2	江苏省	2347	2467	3024	2950	2668
3	浙江省	1126	1254	1748	1874	1895
4	上海市	2949	3058	3853	3700	3522
5	北京市	3414	2693	3759	4571	4332
6	山东省	1356	1313	1807	1932	1882
7	福建省	729	812	1178	1153	1135
8	四川省	419	497	590	579	501
9	河南省	283	380	491	490	402
10	安徽省	283	331	436	417	401
11	天津市	629	620	704	683	622
12	辽宁省	599	565	682	650	588
13	重庆市	301	337	437	436	335
14	广西壮族自治区	305	312	463	430	468
15	湖北省	212	232	287	295	300
16	湖南省	183	229	259	282	308
17	河北省	237	280	369	331	330
18	江西省	147	160	202	238	250
19	陕西省	238	267	337	268	201
20	新疆维吾尔自治区	57	55	46	56	78
21	黑龙江省	220	170	239	316	316
22	云南省	187	170	213	255	236
23	海南省	82	96	177	193	224
24	内蒙古自治区	105	102	117	133	168
25	山西省	93	92	128	95	91
26	吉林省	142	143	178	159	149
27	贵州省	18	17	25	38	34
28	甘肃省	36	43	59	68	52
29	宁夏回族自治区	13	5	6	8	8
30	西藏自治区	2	1	3	0	2
31	青海省	3	2	2	2	3
	＊东部地区	16939	16551	21593	21849	20680
	＊东北地区	961	879	1099	1124	1053
	＊中部地区	1201	1423	1804	1818	1751
	＊西部地区	1683	1808	2298	2273	2085

注：1. 按 2023 年进出口总额降序排列。

2. 带"＊"数据不参与排序。

地区出口总额（人民币）

（按收发货人所在地分）

单位：亿元

序号	地　区	2000 年	2005 年	2010 年	2015 年	2020 年
	总　额	20586	62648	107023	141167	179279
1	广东省	7609	19542	30719	39958	43490
2	江苏省	2133	10110	18353	21021	27433
3	浙江省	1598	6322	12244	17154	25169
4	上海市	2101	7467	12264	12164	13721
5	北京市	991	2540	3766	3395	4664
6	山东省	1290	3803	7070	8945	13047
7	福建省	1047	2868	4849	6992	8473
8	四川省	119	386	1278	2048	4654
9	河南省	125	419	714	2684	4075
10	安徽省	180	427	842	2008	3161
11	天津市	714	2254	2548	3174	3074
12	辽宁省	898	1930	2925	3143	2652
13	重庆市	83	208	507	3417	4187
14	广西壮族自治区	122	236	651	1739	2707
15	湖北省	160	364	980	1817	2702
16	湖南省	135	308	539	1188	3304
17	河北省	305	899	1533	2042	2521
18	江西省	99	201	908	2051	2918
19	陕西省	108	253	421	919	1930
20	新疆维吾尔自治区	99	414	879	1090	1098
21	黑龙江省	121	499	1105	497	360
22	云南省	96	217	517	1030	1519
23	海南省	63	84	157	232	277
24	内蒙古自治区	79	146	226	350	349
25	山西省	102	291	320	523	874
26	吉林省	103	203	303	286	291
27	贵州省	36	71	130	619	431
28	甘肃省	34	90	111	361	86
29	宁夏回族自治区	27	57	80	183	87
30	西藏自治区	1	14	52	36	13
31	青海省	9	27	32	102	12
	＊东部地区	17851	55888	93502	115076	141870
	＊东北地区	1122	2632	4333	3926	3303
	＊中部地区	801	2009	4303	10271	17034
	＊西部地区	813	2118	4884	11894	17072

地区出口总额（人民币）

序号	地 区	2019 年	2020 年	2021 年	2022 年	2023 年
	总　额	**172374**	**179279**	**214255**	**236337**	**237656**
1	广东省	43415	43490	50348	53070	54374
2	江苏省	27212	27433	32078	34590	33716
3	浙江省	23076	25169	30108	34331	35663
4	上海市	13725	13721	15713	17101	17372
5	北京市	5172	4664	6123	5884	5999
6	山东省	11130	13047	16617	19219	19429
7	福建省	8283	8473	10730	12097	11765
8	四川省	3904	4654	5584	6116	6031
9	河南省	3756	4075	4938	5157	5280
10	安徽省	2785	3161	3983	4699	5230
11	天津市	3018	3074	3831	3729	3631
12	辽宁省	3130	2652	3298	3576	3535
13	重庆市	3713	4187	5073	5095	4777
14	广西壮族自治区	2598	2707	2938	3585	3625
15	湖北省	2486	2702	3388	4138	4325
16	湖南省	3077	3304	3815	5133	4009
17	河北省	2371	2521	2956	3207	3504
18	江西省	2496	2918	3666	4751	3928
19	陕西省	1873	1930	2548	2974	2631
20	新疆维吾尔自治区	1250	1098	1261	2077	3025
21	黑龙江省	350	360	447	546	761
22	云南省	1037	1519	1583	1454	926
23	海南省	344	277	319	722	740
24	内蒙古自治区	377	349	475	613	781
25	山西省	807	874	1306	1198	1050
26	吉林省	324	291	353	502	627
27	贵州省	327	431	486	425	521
28	甘肃省	131	86	94	119	124
29	宁夏回族自治区	149	87	157	161	150
30	西藏自治区	37	13	22	43	98
31	青海省	20	12	17	24	30
	＊东部地区	137746	141870	168824	183953	186194
	＊东北地区	3804	3303	4098	4624	4922
	＊中部地区	15407	17034	21096	25075	23823
	＊西部地区	15417	17072	20237	22685	22717

注：1. 按 2023 年进出口总额降序排列。

　　2. 带"＊"数据不参与排序。

地区出口总额占比（人民币）

（按收发货人所在地分）

单位:%

序号	地 区	2000 年	2005 年	2010 年	2015 年	2020 年
	总 额	100.0	100.0	100.0	100.0	100.0
1	广东省	36.9	31.2	28.7	28.3	24.3
2	江苏省	10.3	16.1	17.1	14.9	15.3
3	浙江省	7.7	10.1	11.4	12.2	14.0
4	上海市	10.2	11.9	11.5	8.6	7.7
5	北京市	4.8	4.1	3.5	2.4	2.6
6	山东省	6.3	6.1	6.6	6.3	7.3
7	福建省	5.1	4.6	4.5	5.0	4.7
8	四川省	0.6	0.6	1.2	1.5	2.6
9	河南省	0.6	0.7	0.7	1.9	2.3
10	安徽省	0.9	0.7	0.8	1.4	1.8
11	天津市	3.5	3.6	2.4	2.2	1.7
12	辽宁省	4.4	3.1	2.7	2.2	1.5
13	重庆市	0.4	0.3	0.5	2.4	2.3
14	广西壮族自治区	0.6	0.4	0.6	1.2	1.5
15	湖北省	0.8	0.6	0.9	1.3	1.5
16	湖南省	0.7	0.5	0.5	0.8	1.8
17	河北省	1.5	1.4	1.4	1.4	1.4
18	江西省	0.5	0.3	0.8	1.5	1.6
19	陕西省	0.5	0.4	0.4	0.7	1.1
20	新疆维吾尔自治区	0.5	0.7	0.8	0.8	0.6
21	黑龙江省	0.6	0.8	1.0	0.4	0.2
22	云南省	0.5	0.3	0.5	0.7	0.8
23	海南省	0.3	0.1	0.1	0.2	0.2
24	内蒙古自治区	0.4	0.2	0.2	0.2	0.2
25	山西省	0.5	0.5	0.3	0.4	0.5
26	吉林省	0.5	0.3	0.3	0.2	0.2
27	贵州省	0.2	0.1	0.1	0.4	0.2
28	甘肃省	0.2	0.1	0.1	0.3	0.0
29	宁夏回族自治区	0.1	0.1	0.1	0.1	0.0
30	西藏自治区	0.0	0.0	0.0	0.0	0.0
31	青海省	0.0	0.0	0.0	0.1	0.0
	＊东部地区	86.7	89.2	87.4	81.5	79.1
	＊东北地区	5.4	4.2	4.0	2.8	1.8
	＊中部地区	3.9	3.2	4.0	7.3	9.5
	＊西部地区	3.9	3.4	4.6	8.4	9.5

地区出口总额占比（人民币）

序号	地　区	2019 年	2020 年	2021 年	2022 年	2023 年
	总　额	**100.0**	**100.0**	**100.0**	**100.0**	**100.0**
1	广东省	25.2	24.3	23.5	22.5	22.9
2	江苏省	15.8	15.3	15.0	14.6	14.2
3	浙江省	13.4	14.0	14.1	14.5	15.0
4	上海市	8.0	7.7	7.3	7.2	7.3
5	北京市	3.0	2.6	2.9	2.5	2.5
6	山东省	6.5	7.3	7.8	8.1	8.2
7	福建省	4.8	4.7	5.0	5.1	5.0
8	四川省	2.3	2.6	2.6	2.6	2.5
9	河南省	2.2	2.3	2.3	2.2	2.2
10	安徽省	1.6	1.8	1.9	2.0	2.2
11	天津市	1.8	1.7	1.8	1.6	1.5
12	辽宁省	1.8	1.5	1.5	1.5	1.5
13	重庆市	2.2	2.3	2.4	2.2	2.0
14	广西壮族自治区	1.5	1.5	1.4	1.5	1.5
15	湖北省	1.4	1.5	1.6	1.8	1.8
16	湖南省	1.8	1.8	1.8	2.2	1.7
17	河北省	1.4	1.4	1.4	1.4	1.5
18	江西省	1.4	1.6	1.7	2.0	1.7
19	陕西省	1.1	1.1	1.2	1.3	1.1
20	新疆维吾尔自治区	0.7	0.6	0.6	0.9	1.3
21	黑龙江省	0.2	0.2	0.2	0.2	0.3
22	云南省	0.6	0.8	0.7	0.6	0.4
23	海南省	0.2	0.2	0.1	0.3	0.3
24	内蒙古自治区	0.2	0.2	0.2	0.3	0.3
25	山西省	0.5	0.5	0.6	0.5	0.4
26	吉林省	0.2	0.2	0.2	0.2	0.3
27	贵州省	0.2	0.2	0.2	0.2	0.2
28	甘肃省	0.1	0.0	0.0	0.1	0.1
29	宁夏回族自治区	0.1	0.0	0.1	0.1	0.1
30	西藏自治区	0.0	0.0	0.0	0.0	0.0
31	青海省	0.0	0.0	0.0	0.0	0.0
	＊东部地区	79.9	79.1	78.8	77.8	78.3
	＊东北地区	2.2	1.8	1.9	2.0	2.1
	＊中部地区	8.9	9.5	9.8	10.6	10.0
	＊西部地区	8.9	9.5	9.4	9.6	9.6

注：1. 按 2023 年进出口总额占比降序排列。

　　2. 带"＊"数据不参与排序。

地区出口总额（美元）

（按收发货人所在地分）

单位：亿美元

序号	地　区	2000 年	2005 年	2010 年	2015 年	2020 年
	总　额	2485	7620	15778	22735	25900
1	广东省	918	2382	4532	6432	6283
2	江苏省	257	1230	2705	3386	3961
3	浙江省	193	768	1805	2763	3631
4	上海市	254	907	1807	1959	1980
5	北京市	120	309	554	547	671
6	山东省	156	461	1042	1439	1889
7	福建省	126	348	715	1127	1224
8	四川省	14	47	188	331	672
9	河南省	15	51	105	431	593
10	安徽省	22	52	124	323	456
11	天津市	86	274	375	512	443
12	辽宁省	108	234	431	507	383
13	重庆市	10	25	75	552	605
14	广西壮族自治区	15	29	96	279	392
15	湖北省	19	44	144	292	391
16	湖南省	16	37	80	191	478
17	河北省	37	109	226	329	364
18	江西省	12	24	134	331	421
19	陕西省	13	31	62	148	279
20	新疆维吾尔自治区	12	50	130	175	158
21	黑龙江省	15	61	163	80	52
22	云南省	12	26	76	166	221
23	海南省	8	10	23	37	40
24	内蒙古自治区	10	18	33	57	50
25	山西省	12	35	47	84	127
26	吉林省	12	25	45	46	42
27	贵州省	4	9	19	99	62
28	甘肃省	4	11	16	58	12
29	宁夏回族自治区	3	7	12	30	13
30	西藏自治区	0	2	8	6	2
31	青海省	1	3	5	16	2
	＊东部地区	2155	6798	13784	18532	20488
	＊东北地区	136	320	639	634	477
	＊中部地区	97	244	635	1652	2465
	＊西部地区	98	258	720	1917	2469

地区出口总额（美元）

序号	地 区	2019 年	2020 年	2021 年	2022 年	2023 年
	总 额	**24995**	**25900**	**33160**	**35444**	**33790**
1	广东省	6295	6283	7791	7961	7729
2	江苏省	3948	3961	4965	5193	4794
3	浙江省	3346	3631	4659	5159	5073
4	上海市	1990	1980	2432	2559	2470
5	北京市	751	671	947	881	853
6	山东省	1614	1889	2573	2881	2762
7	福建省	1202	1224	1661	1814	1672
8	四川省	565	672	865	916	858
9	河南省	542	593	765	774	750
10	安徽省	404	456	616	705	743
11	天津市	438	443	593	561	517
12	辽宁省	454	383	510	537	503
13	重庆市	538	605	785	768	679
14	广西壮族自治区	377	392	454	529	514
15	湖北省	360	391	524	622	615
16	湖南省	445	478	591	767	572
17	河北省	344	364	458	481	498
18	江西省	362	421	567	713	561
19	陕西省	272	279	394	447	374
20	新疆维吾尔自治区	180	158	195	309	429
21	黑龙江省	51	52	69	81	108
22	云南省	150	221	245	218	131
23	海南省	50	40	49	107	105
24	内蒙古自治区	55	50	74	92	111
25	山西省	117	127	202	180	149
26	吉林省	47	42	55	75	89
27	贵州省	47	62	75	63	74
28	甘肃省	19	12	15	18	18
29	宁夏回族自治区	22	13	24	24	21
30	西藏自治区	5	2	3	6	14
31	青海省	3	2	3	4	4
	＊东部地区	19977	20488	26128	27596	26473
	＊东北地区	552	477	634	693	700
	＊中部地区	2230	2465	3266	3760	3390
	＊西部地区	2235	2469	3133	3394	3228

注：1. 按 2023 年进出口总额降序排列。

2. 带"＊"数据不参与排序。

地区进出口总额（人民币）

（按境内目的地/货源地分）

单位：亿元

序号	地　区	2000 年	2005 年	2010 年	2015 年	2020 年
	总　额	39173	116922	201722	215516	322215
1	广东省	14527	36040	56527	72407	83437
2	江苏省	4072	19602	33832	36061	47397
3	浙江省	2608	10195	19487	22284	32214
4	上海市	4535	14941	24798	26278	33132
5	山东省	2344	7350	15271	17280	24461
6	福建省	1866	4675	7497	9156	11914
7	天津市	1420	4498	6228	7388	8712
8	河北省	449	1591	4214	4974	6921
9	辽宁省	1658	3873	6465	6645	8194
10	四川省	229	631	1785	2913	8115
11	北京市	1981	4405	7518	8128	7972
12	河南省	261	747	1357	4794	7178
13	安徽省	306	762	1585	2640	5210
14	广西壮族自治区	189	474	1325	2878	4615
15	重庆市	153	349	802	3644	5810
16	湖北省	321	822	1767	2775	4266
17	江西省	169	408	1420	2524	3531
18	新疆维吾尔自治区	212	683	1448	1679	1877
19	湖南省	246	572	1058	1822	3312
20	陕西省	195	507	795	1857	3551
21	云南省	150	411	701	1181	2375
22	黑龙江省	331	860	1244	1011	1422
23	内蒙古自治区	196	436	794	862	1423
24	山西省	231	749	942	1084	1518
25	海南省	85	174	703	964	1147
26	吉林省	245	607	1154	1241	1356
27	贵州省	71	168	235	488	517
28	甘肃省	56	246	502	271	394
29	宁夏回族自治区	45	97	174	209	203
30	青海省	19	40	56	37	22
31	西藏自治区	3	11	40	41	19
	＊东部地区	33887	103470	176074	204920	257308
	＊东北地区	2234	5340	8864	8897	10972
	＊中部地区	1534	4060	8129	15639	25016
	＊西部地区	1518	4052	8655	16060	28919

地区进出口总额（人民币）

序号	地　区	2019 年	2020 年	2021 年	2022 年	2023 年
	总　额	**315627**	**322215**	**387392**	**416728**	**417510**
1	广东省	81674	83437	93998	94363	94112
2	江苏省	46753	47397	55762	59206	58217
3	浙江省	31142	32214	39935	45472	46503
4	上海市	32663	33132	39045	40097	40361
5	山东省	24724	24461	33510	38676	39732
6	福建省	12047	11914	15859	17688	17249
7	天津市	9395	8712	10110	10913	10506
8	河北省	6529	6921	8736	9304	10423
9	辽宁省	9221	8194	9820	10495	10404
10	四川省	7201	8115	9110	10256	9878
11	北京市	7740	7972	10188	9663	9656
12	河南省	6094	7178	8759	9350	8846
13	安徽省	4395	5210	6623	7592	8267
14	广西壮族自治区	4501	4615	6468	7091	7798
15	重庆市	5214	5810	7005	6965	6399
16	湖北省	3709	4266	5063	6137	6013
17	江西省	3058	3531	4379	6091	5811
18	新疆维吾尔自治区	2574	1877	2226	3533	4438
19	湖南省	2907	3312	3490	4643	4265
20	陕西省	3381	3551	4325	4156	3679
21	云南省	2309	2375	2624	3304	2809
22	黑龙江省	1714	1422	1855	2310	2592
23	内蒙古自治区	1386	1423	1849	2185	2456
24	山西省	1577	1518	2281	2116	1863
25	海南省	1180	1147	1296	1839	1835
26	吉林省	1326	1356	1577	1538	1698
27	贵州省	477	517	656	652	730
28	甘肃省	371	394	494	639	565
29	宁夏回族自治区	289	203	287	385	313
30	青海省	34	22	25	43	48
31	西藏自治区	43	19	40	24	43
	＊东部地区	253848	257308	308439	327221	328594
	＊东北地区	12261	10972	13252	14342	14695
	＊中部地区	21739	25016	30594	35930	35066
	＊西部地区	27779	28919	35107	39234	39155

注：1. 按 2023 年进出口总额降序排列。
　　2. 带"＊"数据不参与排序。

地区进出口总额占比（人民币）

（按境内目的地/货源地分）

单位:%

序号	地　区	2000 年	2005 年	2010 年	2015 年	2020 年
	总　额	100.0	100.0	100.0	100.0	100.0
1	广东省	37.0	30.8	28.0	29.5	25.9
2	江苏省	10.4	16.8	16.8	14.7	14.7
3	浙江省	6.6	8.7	9.7	9.1	10.0
4	上海市	11.5	12.8	12.3	10.7	10.3
5	山东省	6.0	6.3	7.6	7.0	7.6
6	福建省	4.8	4.0	3.7	3.7	3.7
7	天津市	3.6	3.8	3.1	3.0	2.7
8	河北省	1.1	1.4	2.1	2.0	2.1
9	辽宁省	4.2	3.3	3.2	2.7	2.5
10	四川省	0.6	0.5	0.9	1.2	2.5
11	北京市	5.0	3.8	3.7	3.3	2.5
12	河南省	0.7	0.6	0.7	2.0	2.2
13	安徽省	0.8	0.7	0.8	1.1	1.6
14	广西壮族自治区	0.5	0.4	0.7	1.2	1.4
15	重庆市	0.4	0.3	0.4	1.5	1.8
16	湖北省	0.8	0.7	0.9	1.1	1.3
17	江西省	0.4	0.3	0.7	1.0	1.1
18	新疆维吾尔自治区	0.5	0.6	0.7	0.7	0.6
19	湖南省	0.6	0.5	0.5	0.7	1.0
20	陕西省	0.5	0.4	0.4	0.8	1.1
21	云南省	0.4	0.4	0.3	0.5	0.7
22	黑龙江省	0.8	0.7	0.6	0.4	0.4
23	内蒙古自治区	0.5	0.4	0.4	0.4	0.4
24	山西省	0.6	0.6	0.5	0.4	0.5
25	海南省	0.2	0.1	0.3	0.4	0.4
26	吉林省	0.6	0.5	0.6	0.5	0.4
27	贵州省	0.2	0.1	0.1	0.2	0.2
28	甘肃省	0.1	0.2	0.2	0.1	0.1
29	宁夏回族自治区	0.1	0.1	0.1	0.1	0.1
30	青海省	0.0	0.0	0.0	0.0	0.0
31	西藏自治区	0.0	0.0	0.0	0.0	0.0
	*东部地区	86.3	88.5	87.3	83.5	79.9
	*东北地区	5.7	4.6	4.4	3.6	3.4
	*中部地区	3.9	3.5	4.0	6.4	7.8
	*西部地区	3.9	3.5	4.3	6.5	9.0

地区进出口总额占比（人民币）

序号	地　区	2019 年	2020 年	2021 年	2022 年	2023 年
	总　额	100.0	100.0	100.0	100.0	100.0
1	广东省	25.9	25.9	24.3	22.6	22.5
2	江苏省	14.8	14.7	14.4	14.2	13.9
3	浙江省	9.9	10.0	10.3	10.9	11.1
4	上海市	10.3	10.3	10.1	9.6	9.7
5	山东省	7.8	7.6	8.7	9.3	9.5
6	福建省	3.8	3.7	4.1	4.2	4.1
7	天津市	3.0	2.7	2.6	2.6	2.5
8	河北省	2.1	2.1	2.3	2.2	2.5
9	辽宁省	2.9	2.5	2.5	2.5	2.5
10	四川省	2.3	2.5	2.4	2.5	2.4
11	北京市	2.5	2.5	2.6	2.3	2.3
12	河南省	1.9	2.2	2.3	2.2	2.1
13	安徽省	1.4	1.6	1.7	1.8	2.0
14	广西壮族自治区	1.4	1.4	1.7	1.7	1.9
15	重庆市	1.7	1.8	1.8	1.7	1.5
16	湖北省	1.2	1.3	1.3	1.5	1.4
17	江西省	1.0	1.1	1.1	1.5	1.4
18	新疆维吾尔自治区	0.8	0.6	0.6	0.8	1.1
19	湖南省	0.9	1.0	0.9	1.1	1.0
20	陕西省	1.1	1.1	1.1	1.0	0.9
21	云南省	0.7	0.7	0.7	0.8	0.7
22	黑龙江省	0.5	0.4	0.5	0.6	0.6
23	内蒙古自治区	0.4	0.4	0.5	0.5	0.6
24	山西省	0.5	0.5	0.6	0.5	0.4
25	海南省	0.4	0.4	0.3	0.4	0.4
26	吉林省	0.4	0.4	0.4	0.4	0.4
27	贵州省	0.2	0.2	0.2	0.2	0.2
28	甘肃省	0.1	0.1	0.1	0.2	0.1
29	宁夏回族自治区	0.1	0.1	0.1	0.1	0.1
30	青海省	0.0	0.0	0.0	0.0	0.0
31	西藏自治区	0.0	0.0	0.0	0.0	0.0
	*东部地区	80.4	79.9	79.6	78.5	78.7
	*东北地区	3.9	3.4	3.4	3.4	3.5
	*中部地区	6.9	7.8	7.9	8.6	8.4
	*西部地区	8.8	9.0	9.1	9.4	9.4

注：1. 按 2023 年进出口总额占比降序排列。

　　2. 带"*"数据不参与排序。

地区进出口总额（美元）

（按境内目的地/货源地分）

单位：亿美元

序号	地 区	2000 年	2005 年	2010 年	2015 年	2020 年
	总 额	**4731**	**14219**	**29740**	**39530**	**46559**
1	广东省	1754	4392	8340	11652	12062
2	江苏省	491	2385	4988	5810	6844
3	浙江省	315	1238	2873	3591	4650
4	上海市	547	1815	3654	4230	4788
5	山东省	283	891	2252	2784	3535
6	福建省	225	568	1105	1476	1721
7	天津市	171	546	916	1190	1258
8	河北省	54	193	621	802	1001
9	辽宁省	200	470	953	1071	1183
10	四川省	28	77	263	469	1173
11	北京市	239	535	1107	1308	1150
12	河南省	32	91	200	770	1045
13	安徽省	37	93	234	425	752
14	广西壮族自治区	23	58	195	462	667
15	重庆市	19	42	118	587	840
16	湖北省	39	100	260	446	616
17	江西省	21	50	210	407	509
18	新疆维吾尔自治区	26	83	214	271	271
19	湖南省	30	70	156	293	479
20	陕西省	24	61	117	299	513
21	云南省	18	50	103	190	344
22	黑龙江省	40	105	183	163	205
23	内蒙古自治区	24	53	117	139	206
24	山西省	28	91	139	175	220
25	海南省	10	21	104	155	166
26	吉林省	30	74	170	200	196
27	贵州省	9	20	35	78	75
28	甘肃省	7	30	74	44	57
29	宁夏回族自治区	5	12	26	34	29
30	青海省	2	5	8	6	3
31	西藏自治区	0	1	6	7	3
	＊东部地区	4089	12585	25959	32998	37174
	＊东北地区	270	649	1307	1434	1584
	＊中部地区	187	493	1198	2515	3621
	＊西部地区	185	492	1276	2586	4180

地区进出口总额（美元）

序号	地 区	2019 年	2020 年	2021 年	2022 年	2023 年
	总 额	**45779**	**46559**	**59954**	**62509**	**59360**
1	广东省	11843	12062	14547	14156	13378
2	江苏省	6785	6844	8630	8891	8277
3	浙江省	4517	4650	6180	6830	6612
4	上海市	4737	4788	6044	5996	5741
5	山东省	3588	3535	5187	5801	5649
6	福建省	1748	1721	2454	2654	2452
7	天津市	1364	1258	1564	1636	1495
8	河北省	947	1001	1352	1397	1482
9	辽宁省	1338	1183	1519	1576	1479
10	四川省	1044	1173	1410	1536	1403
11	北京市	1123	1150	1576	1452	1372
12	河南省	880	1045	1356	1403	1257
13	安徽省	638	752	1025	1141	1175
14	广西壮族自治区	653	667	1000	1059	1108
15	重庆市	756	840	1084	1049	911
16	湖北省	538	616	783	921	855
17	江西省	444	509	678	913	828
18	新疆维吾尔自治区	373	271	345	527	630
19	湖南省	421	479	540	693	607
20	陕西省	491	513	670	625	523
21	云南省	334	344	406	495	399
22	黑龙江省	249	205	287	346	368
23	内蒙古自治区	201	206	286	327	349
24	山西省	229	220	353	318	264
25	海南省	172	166	201	275	262
26	吉林省	192	196	244	231	241
27	贵州省	69	75	102	97	104
28	甘肃省	54	57	76	96	80
29	宁夏回族自治区	42	29	44	58	45
30	青海省	5	3	4	6	7
31	西藏自治区	6	3	6	4	6
	＊东部地区	36823	37174	47735	49087	46720
	＊东北地区	1780	1584	2050	2153	2088
	＊中部地区	3149	3621	4735	5389	4986
	＊西部地区	4028	4180	5434	5880	5566

注：1. 按 2023 年进出口总额降序排列。
  2. 带"＊"数据不参与排序。

地区进口总额（人民币）

（按境内目的地分）

单位：亿元

序号	地 区	2000 年	2005 年	2010 年	2015 年	2020 年
	总 额	10591	54274	94700	104350	142936
1	广东省	6793	16268	24864	27036	31140
2	江苏省	1890	9359	14739	14412	19863
3	浙江省	921	3482	5854	4721	7835
4	上海市	2491	7814	13040	15181	21547
5	山东省	1007	3415	7789	8063	12044
6	福建省	761	1716	2978	3337	4238
7	天津市	785	2355	3659	4387	5900
8	河北省	180	601	2313	2020	3461
9	辽宁省	782	1841	3551	3475	5008
10	四川省	111	294	943	1154	3561
11	北京市	1345	2891	5430	6325	5925
12	河南省	128	284	530	1942	2640
13	安徽省	130	344	844	923	1898
14	广西壮族自治区	53	238	883	2005	3147
15	重庆市	66	151	328	1167	2001
16	湖北省	164	477	823	1090	1626
17	江西省	72	190	620	654	1102
18	新疆维吾尔自治区	118	273	597	901	1021
19	湖南省	112	255	477	637	1188
20	陕西省	87	190	412	948	1701
21	云南省	61	215	354	519	1198
22	黑龙江省	130	384	667	620	1046
23	内蒙古自治区	105	248	498	482	972
24	山西省	58	230	483	373	536
25	海南省	39	104	556	699	869
26	吉林省	122	379	849	908	1033
27	贵州省	31	74	98	149	108
28	甘肃省	22	155	415	137	270
29	宁夏回族自治区	16	31	69	62	48
30	青海省	8	15	34	14	9
31	西藏自治区	3	2	3	9	2
	＊东部地区	16212	48004	81222	86181	112823
	＊东北地区	1034	2604	5067	5002	7087
	＊中部地区	665	1780	3776	5619	8990
	＊西部地区	679	1885	4634	7546	14037

地区进口总额（人民币）

序号	地　区	2019 年	2020 年	2021 年	2022 年	2023 年
	总　　额	143254	142936	173137	180391	179854
1	广东省	32008	31140	36942	35882	35358
2	江苏省	18986	19863	23268	23120	22753
3	浙江省	7729	7835	10333	12343	12398
4	上海市	20929	21547	25975	26288	26445
5	山东省	12936	12044	15905	17910	18662
6	福建省	4545	4238	5780	6165	6025
7	天津市	6554	5900	6479	7202	6737
8	河北省	3217	3461	4501	4457	4892
9	辽宁省	5377	5008	5965	6207	5973
10	四川省	3559	3561	3828	4322	4007
11	北京市	5911	5925	6871	7399	7594
12	河南省	1988	2640	3234	3386	2897
13	安徽省	1649	1898	2353	2422	2539
14	广西壮族自治区	3169	3147	4515	4429	5031
15	重庆市	1782	2001	2375	2334	2074
16	湖北省	1510	1626	1848	2221	2036
17	江西省	1046	1102	1297	1668	1822
18	新疆维吾尔自治区	1384	1021	1080	1598	1648
19	湖南省	1088	1188	1143	1139	1165
20	陕西省	1551	1701	1885	1428	1140
21	云南省	1307	1198	1410	1746	1668
22	黑龙江省	1325	1046	1360	1757	1910
23	内蒙古自治区	878	972	1228	1387	1595
24	山西省	560	536	739	553	538
25	海南省	846	869	1008	1270	1247
26	吉林省	962	1033	1200	1005	1045
27	贵州省	118	108	185	219	186
28	甘肃省	218	270	356	452	374
29	宁夏回族自治区	97	48	52	78	76
30	青海省	18	9	6	5	13
31	西藏自治区	4	2	15	1	4
	＊东部地区	113660	112823	137062	142035	142111
	＊东北地区	7664	7087	8525	8968	8929
	＊中部地区	7842	8990	10613	11389	10998
	＊西部地区	14087	14037	16936	17999	17816

注：1. 按 2023 年进出口总额降序排列。

　　2. 带"＊"数据不参与排序。

地区进口总额占比（人民币）

（按境内目的地分）

单位：%

序号	地　区	2000 年	2005 年	2010 年	2015 年	2020 年
	总　额	100.0	100.0	100.0	100.0	100.0
1	广东省	36.4	30.0	26.3	25.9	21.8
2	江苏省	10.1	17.2	15.6	13.8	13.9
3	浙江省	4.9	6.4	6.2	4.5	5.5
4	上海市	13.4	14.4	13.8	14.6	15.1
5	山东省	5.4	6.3	8.2	7.7	8.4
6	福建省	4.1	3.2	3.1	3.2	3.0
7	天津市	4.2	4.3	3.9	4.2	4.1
8	河北省	1.0	1.1	2.4	1.9	2.4
9	辽宁省	4.2	3.4	3.7	3.3	3.5
10	四川省	0.6	0.5	1.0	1.1	2.5
11	北京市	7.2	5.3	5.7	6.1	4.1
12	河南省	0.7	0.5	0.6	1.9	1.8
13	安徽省	0.7	0.6	0.9	0.9	1.3
14	广西壮族自治区	0.3	0.4	0.9	1.9	2.2
15	重庆市	0.4	0.3	0.3	1.1	1.4
16	湖北省	0.9	0.9	0.9	1.0	1.1
17	江西省	0.4	0.4	0.7	0.6	0.8
18	新疆维吾尔自治区	0.6	0.5	0.6	0.9	0.7
19	湖南省	0.6	0.5	0.5	0.6	0.8
20	陕西省	0.5	0.4	0.4	0.9	1.2
21	云南省	0.3	0.4	0.4	0.5	0.8
22	黑龙江省	0.7	0.7	0.7	0.6	0.7
23	内蒙古自治区	0.6	0.5	0.5	0.5	0.7
24	山西省	0.3	0.4	0.5	0.4	0.4
25	海南省	0.2	0.2	0.6	0.7	0.6
26	吉林省	0.7	0.7	0.9	0.9	0.7
27	贵州省	0.2	0.1	0.1	0.1	0.1
28	甘肃省	0.1	0.3	0.4	0.1	0.2
29	宁夏回族自治区	0.1	0.1	0.1	0.1	0.0
30	青海省	0.0	0.0	0.0	0.0	0.0
31	西藏自治区	0.0	0.0	0.0	0.0	0.0
	＊东部地区	87.0	88.4	85.8	82.6	78.9
	＊东北地区	5.5	4.8	5.4	4.8	5.0
	＊中部地区	3.6	3.3	4.0	5.4	6.3
	＊西部地区	3.6	3.5	4.9	7.2	9.8

地区进口总额占比（人民币）

序号	地　区	2019 年	2020 年	2021 年	2022 年	2023 年
	总　额	**100.0**	**100.0**	**100.0**	**100.0**	**100.0**
1	广东省	22.3	21.8	21.3	19.9	19.7
2	江苏省	13.3	13.9	13.4	12.8	12.7
3	浙江省	5.4	5.5	6.0	6.8	6.9
4	上海市	14.6	15.1	15.0	14.6	14.7
5	山东省	9.0	8.4	9.2	9.9	10.4
6	福建省	3.2	3.0	3.3	3.4	3.3
7	天津市	4.6	4.1	3.7	4.0	3.7
8	河北省	2.2	2.4	2.6	2.5	2.7
9	辽宁省	3.8	3.5	3.4	3.4	3.3
10	四川省	2.5	2.5	2.2	2.4	2.2
11	北京市	4.1	4.1	4.0	4.1	4.2
12	河南省	1.4	1.8	1.9	1.9	1.6
13	安徽省	1.2	1.3	1.4	1.3	1.4
14	广西壮族自治区	2.2	2.2	2.6	2.5	2.8
15	重庆市	1.2	1.4	1.4	1.3	1.2
16	湖北省	1.1	1.1	1.1	1.2	1.1
17	江西省	0.7	0.8	0.7	0.9	1.0
18	新疆维吾尔自治区	1.0	0.7	0.6	0.9	0.9
19	湖南省	0.8	0.8	0.7	0.6	0.6
20	陕西省	1.1	1.2	1.1	0.8	0.6
21	云南省	0.9	0.8	0.8	1.0	0.9
22	黑龙江省	0.9	0.7	0.8	1.0	1.1
23	内蒙古自治区	0.6	0.7	0.7	0.8	0.9
24	山西省	0.4	0.4	0.4	0.3	0.3
25	海南省	0.6	0.6	0.6	0.7	0.7
26	吉林省	0.7	0.7	0.7	0.6	0.6
27	贵州省	0.1	0.1	0.1	0.1	0.1
28	甘肃省	0.2	0.2	0.2	0.3	0.2
29	宁夏回族自治区	0.1	0.0	0.0	0.0	0.0
30	青海省	0.0	0.0	0.0	0.0	0.0
31	西藏自治区	0.0	0.0	0.0	0.0	0.0
	＊东部地区	79.3	78.9	79.2	78.7	79.0
	＊东北地区	5.3	5.0	4.9	5.0	5.0
	＊中部地区	5.5	6.3	6.1	6.3	6.1
	＊西部地区	9.8	9.8	9.8	10.0	9.9

注：1. 按 2023 年进出口总额占比降序排列。

　　2. 带"＊"数据不参与排序。

地区进口总额（美元）

（按境内目的地分）

单位：亿美元

序号	地 区	2000 年	2005 年	2010 年	2015 年	2020 年
	总 额	2247	6600	13962	16796	20660
1	广东省	820	1982	3668	4350	4501
2	江苏省	228	1139	2173	2321	2870
3	浙江省	111	423	863	761	1133
4	上海市	301	949	1922	2443	3115
5	山东省	122	414	1149	1299	1740
6	福建省	92	209	439	538	612
7	天津市	95	286	538	707	852
8	河北省	22	73	341	326	501
9	辽宁省	94	224	523	560	723
10	四川省	13	36	139	186	515
11	北京市	163	351	800	1018	855
12	河南省	15	35	78	312	385
13	安徽省	16	42	125	149	274
14	广西壮族自治区	6	29	130	322	455
15	重庆市	8	18	48	188	290
16	湖北省	20	58	121	175	235
17	江西省	9	23	91	105	159
18	新疆维吾尔自治区	14	33	88	145	147
19	湖南省	14	31	70	102	172
20	陕西省	11	23	61	153	246
21	云南省	7	26	52	83	173
22	黑龙江省	16	47	98	100	151
23	内蒙古自治区	13	30	73	78	141
24	山西省	7	28	71	60	78
25	海南省	5	13	82	112	126
26	吉林省	15	46	125	146	149
27	贵州省	4	9	14	24	16
28	甘肃省	3	19	61	22	39
29	宁夏回族自治区	2	4	10	10	7
30	青海省	1	2	5	2	1
31	西藏自治区	0	0	1	1	0
	＊东部地区	1959	5838	11976	13875	16304
	＊东北地区	125	316	747	806	1023
	＊中部地区	81	216	557	903	1303
	＊西部地区	82	229	683	1214	2029

地区进口总额（美元）

序号	地　　区	2019 年	2020 年	2021 年	2022 年	2023 年
	总　　额	**20784**	**20660**	**26794**	**27065**	**25569**
1	广东省	4644	4501	5718	5388	5026
2	江苏省	2755	2870	3601	3474	3234
3	浙江省	1121	1133	1599	1852	1761
4	上海市	3036	3115	4021	3932	3762
5	山东省	1877	1740	2462	2688	2654
6	福建省	660	612	894	927	856
7	天津市	951	852	1003	1079	958
8	河北省	467	501	696	669	696
9	辽宁省	780	723	923	932	849
10	四川省	516	515	593	648	569
11	北京市	858	855	1062	1112	1079
12	河南省	287	385	501	507	411
13	安徽省	239	274	364	365	360
14	广西壮族自治区	460	455	698	663	716
15	重庆市	258	290	368	351	295
16	湖北省	219	235	286	333	290
17	江西省	152	159	201	249	259
18	新疆维吾尔自治区	201	147	167	239	234
19	湖南省	158	172	177	170	165
20	陕西省	225	246	292	215	162
21	云南省	190	173	218	262	237
22	黑龙江省	192	151	211	263	272
23	内蒙古自治区	127	141	190	208	227
24	山西省	81	78	114	83	76
25	海南省	123	126	156	190	178
26	吉林省	140	149	185	151	148
27	贵州省	17	16	29	33	27
28	甘肃省	32	39	55	68	53
29	宁夏回族自治区	14	7	8	12	11
30	青海省	3	1	1	1	2
31	西藏自治区	1	0	2	0	1
	＊东部地区	16492	16304	21212	21312	20205
	＊东北地区	1112	1023	1319	1347	1269
	＊中部地区	1136	1303	1642	1708	1562
	＊西部地区	2044	2029	2621	2699	2533

注：1. 按 2023 年进出口总额降序排列。

　　2. 带"＊"数据不参与排序。

地区出口总额（人民币）

（按境内货源地分）

单位：亿元

序号	地　区	2000 年	2005 年	2010 年	2015 年	2020 年
	总　额	**20585**	**62648**	**107023**	**141167**	**179279**
1	广东省	7734	19772	31664	45372	52297
2	江苏省	2182	10244	19093	21650	27534
3	浙江省	1687	6713	13633	17562	24379
4	上海市	2044	7127	11758	11097	11585
5	山东省	1337	3935	7481	9217	12417
6	福建省	1105	2959	4519	5819	7676
7	天津市	635	2143	2568	3000	2812
8	河北省	269	991	1901	2954	3460
9	辽宁省	876	2032	2914	3170	3186
10	四川省	118	337	842	1760	4553
11	北京市	636	1514	2088	1804	2048
12	河南省	134	462	827	2852	4538
13	安徽省	176	418	741	1716	3312
14	广西壮族自治区	136	236	442	873	1467
15	重庆市	87	197	474	2478	3809
16	湖北省	157	345	944	1685	2641
17	江西省	98	218	800	1871	2429
18	新疆维吾尔自治区	94	410	851	778	855
19	湖南省	133	317	582	1185	2124
20	陕西省	109	316	383	908	1850
21	云南省	89	196	346	662	1177
22	黑龙江省	201	476	577	391	376
23	内蒙古自治区	91	188	296	380	452
24	山西省	172	519	458	710	982
25	海南省	47	70	147	265	278
26	吉林省	122	228	305	333	323
27	贵州省	41	93	137	339	409
28	甘肃省	35	91	87	134	125
29	宁夏回族自治区	29	67	106	147	155
30	青海省	11	26	22	23	13
31	西藏自治区	0	9	36	33	17
	＊东部地区	17676	55466	94852	118739	144486
	＊东北地区	1199	2736	3797	3894	3885
	＊中部地区	870	2280	4353	10020	16026
	＊西部地区	840	2167	4021	8514	14882

地区出口总额（人民币）

序号	地　区	2019 年	2020 年	2021 年	2022 年	2023 年
	总　额	**172374**	**179279**	**214255**	**236337**	**237656**
1	广东省	49667	52297	57056	58481	58754
2	江苏省	27767	27534	32494	36087	35464
3	浙江省	23413	24379	29602	33129	34105
4	上海市	11734	11585	13070	13809	13916
5	山东省	11788	12417	17605	20766	21069
6	福建省	7502	7676	10079	11523	11225
7	天津市	2841	2812	3632	3712	3769
8	河北省	3312	3460	4236	4847	5531
9	辽宁省	3844	3186	3855	4288	4431
10	四川省	3642	4553	5281	5934	5870
11	北京市	1829	2048	3317	2263	2063
12	河南省	4106	4538	5524	5964	5949
13	安徽省	2746	3312	4270	5170	5728
14	广西壮族自治区	1332	1467	1953	2662	2767
15	重庆市	3432	3809	4630	4631	4325
16	湖北省	2199	2641	3215	3916	3977
17	江西省	2012	2429	3082	4423	3989
18	新疆维吾尔自治区	1189	855	1145	1935	2791
19	湖南省	1819	2124	2347	3504	3100
20	陕西省	1830	1850	2440	2728	2538
21	云南省	1002	1177	1213	1558	1141
22	黑龙江省	388	376	494	553	682
23	内蒙古自治区	508	452	621	797	861
24	山西省	1016	982	1542	1564	1325
25	海南省	334	278	288	570	588
26	吉林省	364	323	377	533	653
27	贵州省	359	409	471	433	544
28	甘肃省	153	125	139	188	191
29	宁夏回族自治区	192	155	234	308	236
30	青海省	16	13	19	38	35
31	西藏自治区	38	17	26	23	39
	＊东部地区	140187	144486	171376	185186	186483
	＊东北地区	4596	3885	4727	5374	5766
	＊中部地区	13898	16026	19981	24541	24068
	＊西部地区	13692	14882	18172	21235	21339

注：1. 按 2023 年进出口总额降序排列。

2. 带"＊"数据不参与排序。

地区出口总额占比（人民币）

（按境内货源地分）

単位:%

序号	地 区	2000 年	2005 年	2010 年	2015 年	2020 年
	总 额	**100.0**	**100.0**	**100.0**	**100.0**	**100.0**
1	广东省	37.5	31.6	29.6	32.1	29.2
2	江苏省	10.6	16.4	17.8	15.3	15.4
3	浙江省	8.2	10.7	12.7	12.4	13.6
4	上海市	9.9	11.4	11.0	7.9	6.5
5	山东省	6.5	6.3	7.0	6.5	6.9
6	福建省	5.4	4.7	4.2	4.1	4.3
7	天津市	3.1	3.4	2.4	2.1	1.6
8	河北省	1.3	1.6	1.8	2.1	1.9
9	辽宁省	4.2	3.2	2.7	2.2	1.8
10	四川省	0.6	0.5	0.8	1.2	2.5
11	北京市	3.1	2.4	2.0	1.3	1.1
12	河南省	0.6	0.7	0.8	2.0	2.5
13	安徽省	0.9	0.7	0.7	1.2	1.8
14	广西壮族自治区	0.7	0.4	0.4	0.6	0.8
15	重庆市	0.4	0.3	0.4	1.8	2.1
16	湖北省	0.8	0.6	0.9	1.2	1.5
17	江西省	0.5	0.3	0.7	1.3	1.4
18	新疆维吾尔自治区	0.5	0.7	0.8	0.6	0.5
19	湖南省	0.6	0.5	0.5	0.8	1.2
20	陕西省	0.5	0.5	0.4	0.6	1.0
21	云南省	0.4	0.3	0.3	0.5	0.7
22	黑龙江省	1.0	0.8	0.5	0.3	0.2
23	内蒙古自治区	0.4	0.3	0.3	0.3	0.3
24	山西省	0.8	0.8	0.4	0.5	0.5
25	海南省	0.2	0.1	0.1	0.2	0.2
26	吉林省	0.6	0.4	0.3	0.2	0.2
27	贵州省	0.2	0.1	0.1	0.2	0.2
28	甘肃省	0.2	0.1	0.1	0.1	0.1
29	宁夏回族自治区	0.1	0.1	0.1	0.1	0.1
30	青海省	0.1	0.0	0.0	0.0	0.0
31	西藏自治区	0.0	0.0	0.0	0.0	0.0
	＊东部地区	85.7	88.5	88.6	84.1	80.6
	＊东北地区	5.8	4.4	3.5	2.8	2.2
	＊中部地区	4.2	3.6	4.1	7.1	8.9
	＊西部地区	4.1	3.5	3.8	6.0	8.3

地区出口总额占比（人民币）

序号	地　区	2019 年	2020 年	2021 年	2022 年	2023 年
	总　额	**100.0**	**100.0**	**100.0**	**100.0**	**100.0**
1	广东省	28.8	29.2	26.6	24.7	24.7
2	江苏省	16.1	15.4	15.2	15.3	14.9
3	浙江省	13.6	13.6	13.8	14.0	14.4
4	上海市	6.8	6.5	6.1	5.8	5.9
5	山东省	6.8	6.9	8.2	8.8	8.9
6	福建省	4.4	4.3	4.7	4.9	4.7
7	天津市	1.6	1.6	1.7	1.6	1.6
8	河北省	1.9	1.9	2.0	2.1	2.3
9	辽宁省	2.2	1.8	1.8	1.8	1.9
10	四川省	2.1	2.5	2.5	2.5	2.5
11	北京市	1.1	1.1	1.5	1.0	0.9
12	河南省	2.4	2.5	2.6	2.5	2.5
13	安徽省	1.6	1.8	2.0	2.2	2.4
14	广西壮族自治区	0.8	0.8	0.9	1.1	1.2
15	重庆市	2.0	2.1	2.2	2.0	1.8
16	湖北省	1.3	1.5	1.5	1.7	1.7
17	江西省	1.2	1.4	1.4	1.9	1.7
18	新疆维吾尔自治区	0.7	0.5	0.5	0.8	1.2
19	湖南省	1.1	1.2	1.1	1.5	1.3
20	陕西省	1.1	1.0	1.1	1.2	1.1
21	云南省	0.6	0.7	0.6	0.7	0.5
22	黑龙江省	0.2	0.2	0.2	0.2	0.3
23	内蒙古自治区	0.3	0.3	0.3	0.3	0.4
24	山西省	0.6	0.5	0.7	0.7	0.6
25	海南省	0.2	0.2	0.1	0.2	0.2
26	吉林省	0.2	0.2	0.2	0.2	0.3
27	贵州省	0.2	0.2	0.2	0.2	0.2
28	甘肃省	0.1	0.1	0.1	0.1	0.1
29	宁夏回族自治区	0.1	0.1	0.1	0.1	0.1
30	青海省	0.0	0.0	0.0	0.0	0.0
31	西藏自治区	0.0	0.0	0.0	0.0	0.0
	*东部地区	81.3	80.6	80.0	78.4	78.5
	*东北地区	2.7	2.2	2.2	2.3	2.4
	*中部地区	8.1	8.9	9.3	10.4	10.1
	*西部地区	7.9	8.3	8.5	9.0	9.0

注：1. 按 2023 年进出口总额占比降序排列。

　　2. 带"*"数据不参与排序。

地区出口总额（美元）

（按境内货源地分）

单位：亿美元

序号	地　区	2000 年	2005 年	2010 年	2015 年	2020 年
	总　额	2487	7620	15778	22735	25900
1	广东省	934	2410	4672	7302	7561
2	江苏省	263	1246	2814	3488	3974
3	浙江省	204	816	2009	2830	3518
4	上海市	247	866	1733	1787	1673
5	山东省	162	477	1103	1485	1795
6	福建省	133	359	666	938	1109
7	天津市	77	260	378	484	406
8	河北省	33	120	280	477	500
9	辽宁省	106	247	429	511	460
10	四川省	14	41	124	284	658
11	北京市	77	184	307	290	295
12	河南省	16	56	122	458	660
13	安徽省	21	51	109	277	478
14	广西壮族自治区	16	29	65	141	212
15	重庆市	11	24	70	399	550
16	湖北省	19	42	139	271	381
17	江西省	12	27	118	301	350
18	新疆维吾尔自治区	11	50	126	125	123
19	湖南省	16	39	86	191	307
20	陕西省	13	38	56	146	267
21	云南省	11	24	51	107	170
22	黑龙江省	24	58	85	63	54
23	内蒙古自治区	11	23	44	61	65
24	山西省	21	63	67	114	142
25	海南省	6	9	22	43	40
26	吉林省	15	28	45	54	47
27	贵州省	5	11	20	54	59
28	甘肃省	4	11	13	22	18
29	宁夏回族自治区	4	8	16	24	22
30	青海省	1	3	3	4	2
31	西藏自治区	0	1	5	5	3
	＊东部地区	2134	6747	13984	19123	20870
	＊东北地区	145	332	560	628	561
	＊中部地区	105	277	642	1612	2318
	＊西部地区	102	263	593	1372	2151

地区出口总额（美元）

序号	地　区	2019 年	2020 年	2021 年	2022 年	2023 年
	总　额	24995	25900	33160	35444	33790
1	广东省	7199	7561	8829	8768	8352
2	江苏省	4030	3974	5029	5417	5043
3	浙江省	3396	3518	4581	4978	4850
4	上海市	1701	1673	2023	2064	1979
5	山东省	1710	1795	2726	3113	2995
6	福建省	1088	1109	1560	1727	1595
7	天津市	413	406	562	556	537
8	河北省	481	500	655	728	786
9	辽宁省	558	460	596	644	630
10	四川省	528	658	818	889	834
11	北京市	265	295	514	340	293
12	河南省	593	660	855	896	845
13	安徽省	399	478	661	776	814
14	广西壮族自治区	193	212	302	395	393
15	重庆市	497	550	717	698	615
16	湖北省	319	381	498	588	565
17	江西省	292	350	477	663	569
18	新疆维吾尔自治区	172	123	177	288	396
19	湖南省	263	307	363	523	442
20	陕西省	266	267	378	410	361
21	云南省	145	170	188	234	162
22	黑龙江省	56	54	76	83	97
23	内蒙古自治区	74	65	96	120	122
24	山西省	147	142	239	235	188
25	海南省	48	40	45	85	84
26	吉林省	53	47	58	80	93
27	贵州省	52	59	73	65	77
28	甘肃省	22	18	21	28	27
29	宁夏回族自治区	28	22	36	46	34
30	青海省	2	2	3	6	5
31	西藏自治区	6	3	4	3	6
	＊东部地区	20331	20870	26523	27776	26515
	＊东北地区	667	561	731	806	819
	＊中部地区	2013	2318	3093	3681	3424
	＊西部地区	1984	2151	2813	3181	3032

注：1. 按 2023 年进出口总额降序排列。

　　2. 带"＊"数据不参与排序。

城市进出口总额（人民币）

（按收发货人所在地分）

单位：亿元

序号	城　市	2000 年	2005 年	2010 年	2015 年	2020 年
1	上海市	4531	15338	25035	27908	34873
2	深圳市	5300	14972	23492	27510	30506
3	北京市	4090	10332	20478	19828	23313
4	苏州市	1663	11559	18590	18955	22329
5	东莞市	2651	6114	8243	10400	13304
6	宁波市	615	2757	5626	6201	9810
7	广州市	1926	4393	7039	8302	9539
8	厦门市	821	2353	3868	5132	6950
9	青岛市	1122	2718	3870	4337	6418
10	杭州市	865	2459	3552	4114	5958
11	天津市	1421	4386	5579	7096	7368
12	金华市	60	389	895	3041	4867
13	成都市	119	373	1671	2435	7152
14	重庆市	148	354	842	4615	6514
15	无锡市	498	2400	4153	4247	6075
16	佛山市	855	2112	3503	4085	5061
17	南京市	753	2227	3092	3305	5340
18	郑州市	75	161	351	3516	4948
19	烟台市	260	943	2971	3068	3220
20	大连市	1077	2131	3537	3476	3853
21	嘉兴市	226	817	1549	1928	3052
22	绍兴市	137	863	1834	1855	2578
23	武汉市	169	507	1227	1750	2708
24	福州市	565	1198	1667	2063	2639
25	西安市	142	322	706	1762	3478
26	合肥市	159	344	675	1263	2598
27	舟山市	46	124	729	727	1660
28	南通市	262	701	1429	1962	2626
29	惠州市	680	1560	2321	3376	2488
30	潍坊市	114	325	796	1174	1906

城市进出口总额（人民币）

序号	城 市	2019 年	2020 年	2021 年	2022 年	2023 年
1	上海市	34054	34873	40605	41813	42135
2	深圳市	29781	30506	35421	36558	38698
3	北京市	28690	23313	30411	36358	36449
4	苏州市	21986	22329	25314	25705	24515
5	东莞市	13763	13304	15213	13965	12814
6	宁波市	9169	9810	11918	12669	12784
7	广州市	10007	9539	10812	10903	10913
8	厦门市	6413	6950	8858	9225	9471
9	青岛市	5923	6418	8234	8372	8763
10	杭州市	5604	5958	7364	7569	8032
11	天津市	7346	7368	8382	8287	8009
12	金华市	4219	4867	5879	6838	7697
13	成都市	5732	7152	8130	8282	7473
14	重庆市	5792	6514	7900	7996	7129
15	无锡市	6366	6075	6822	7368	7065
16	佛山市	4825	5061	6161	6665	5965
17	南京市	4834	5340	6209	6244	5661
18	郑州市	4132	4948	5886	6070	5523
19	烟台市	2904	3220	4049	4500	4569
20	大连市	4364	3853	4251	4791	4554
21	嘉兴市	2832	3052	3785	4397	4410
22	绍兴市	2459	2578	2992	3690	4223
23	武汉市	2374	2708	3289	3505	3606
24	福州市	2629	2639	3490	3855	3604
25	西安市	3242	3478	4385	4357	3598
26	合肥市	2216	2598	3275	3609	3588
27	舟山市	1371	1660	2356	3383	3577
28	南通市	2505	2626	3334	3659	3500
29	惠州市	2710	2488	3054	3091	3409
30	潍坊市	1790	1906	2532	3394	3406

注：1. 按 2023 年收发货人所在地人民币进出口总额前 30 位地级及以上城市降序排列。

2. 所列城市采用海关统计地域口径。

城市进出口总额（美元）

（按收发货人所在地分）

单位：亿美元

序号	城　　市	2000 年	2005 年	2010 年	2015 年	2020 年
1	上海市	547	1863	3690	4492	5038
2	深圳市	639	1828	3468	4425	4409
3	北京市	494	1255	3017	3194	3365
4	苏州市	201	1407	2741	3053	3225
5	东莞市	320	744	1216	1675	1921
6	宁波市	74	335	829	999	1416
7	广州市	232	534	1038	1338	1377
8	厦门市	99	286	570	827	1003
9	青岛市	135	330	571	698	929
10	杭州市	104	299	524	663	860
11	天津市	172	533	821	1143	1063
12	金华市	7	47	132	490	701
13	成都市	14	45	246	393	1034
14	重庆市	18	43	124	745	942
15	无锡市	60	292	612	684	878
16	佛山市	103	257	517	657	732
17	南京市	91	271	456	532	772
18	郑州市	9	20	52	564	722
19	烟台市	31	114	438	494	466
20	大连市	130	259	521	560	556
21	嘉兴市	27	99	228	311	441
22	绍兴市	17	105	270	299	372
23	武汉市	20	62	181	281	392
24	福州市	68	146	246	332	381
25	西安市	17	39	104	283	503
26	合肥市	19	42	100	203	375
27	舟山市	6	15	107	117	239
28	南通市	32	85	211	316	379
29	惠州市	82	190	342	544	360
30	潍坊市	14	39	117	189	275

城市进出口总额（美元）

序号	城　市	2019 年	2020 年	2021 年	2022 年	2023 年
1	上海市	4939	5038	6285	6258	5992
2	深圳市	4316	4409	5483	5472	5493
3	北京市	4165	3365	4706	5452	5185
4	苏州市	3191	3225	3918	3864	3483
5	东莞市	1996	1921	2355	2101	1823
6	宁波市	1331	1416	1844	1905	1818
7	广州市	1451	1377	1673	1632	1553
8	厦门市	930	1003	1371	1385	1349
9	青岛市	859	929	1275	1256	1246
10	杭州市	813	860	1139	1139	1142
11	天津市	1066	1063	1297	1244	1139
12	金华市	612	701	910	1026	1094
13	成都市	831	1034	1259	1244	1063
14	重庆市	839	942	1223	1203	1014
15	无锡市	924	878	1056	1106	1004
16	佛山市	700	732	952	1006	852
17	南京市	700	772	961	936	806
18	郑州市	595	722	912	910	784
19	烟台市	421	466	626	676	650
20	大连市	633	556	658	719	648
21	嘉兴市	411	441	586	659	627
22	绍兴市	356	372	463	554	600
23	武汉市	344	392	509	528	512
24	福州市	382	381	540	576	513
25	西安市	471	503	679	655	512
26	合肥市	321	375	507	543	509
27	舟山市	199	239	365	507	509
28	南通市	363	379	516	549	498
29	惠州市	394	360	473	464	484
30	潍坊市	260	275	392	510	484

注：按"城市进出口总额（人民币）（按收发货人所在地分）"表中城市顺序赋值。

城市进口总额（人民币）

（按收发货人所在地分）

单位：亿元

序号	城 市	2000 年	2005 年	2010 年	2015 年	2020 年
1	上海市	2430	7871	12771	15744	21152
2	深圳市	2436	6657	9661	11098	13534
3	北京市	3099	7791	16712	16433	18649
4	苏州市	795	5575	8204	7691	9391
5	东莞市	1234	2750	3523	3971	5023
6	宁波市	195	928	2101	1781	3406
7	广州市	950	2202	3757	3271	4117
8	厦门市	343	931	1472	1816	3378
9	青岛市	436	1121	1572	1531	2543
10	杭州市	290	829	1154	1016	2268
11	天津市	707	2132	3031	3922	4294
12	金华市	7	28	68	83	255
13	成都市	52	152	730	963	3053
14	重庆市	65	146	335	1198	2326
15	无锡市	218	1122	1692	1628	2530
16	佛山市	379	709	1262	1087	929
17	南京市	309	1055	1404	1349	1943
18	郑州市	23	46	115	1567	2000
19	烟台市	97	412	1242	1325	1257
20	大连市	464	972	1679	1841	2181
21	嘉兴市	69	237	460	506	779
22	绍兴市	32	193	403	171	192
23	武汉市	71	299	633	806	1287
24	福州市	223	424	561	766	794
25	西安市	55	104	345	942	1702
26	合肥市	49	114	294	412	1018
27	舟山市	9	36	258	342	1072
28	南通市	93	225	474	544	834
29	惠州市	307	686	949	1215	801
30	潍坊市	31	82	206	368	690

城市进口总额（人民币）

序号	城 市	2019 年	2020 年	2021 年	2022 年	2023 年
1	上海市	20329	21152	24891	24712	24764
2	深圳市	13065	13534	16171	14742	14153
3	北京市	23517	18649	24288	30474	30449
4	苏州市	8753	9391	10439	10237	9435
5	东莞市	5131	5023	5682	4679	4354
6	宁波市	3199	3406	4295	4442	4497
7	广州市	4749	4117	4513	4756	4412
8	厦门市	2883	3378	4557	4568	4996
9	青岛市	2513	2543	3551	3673	4050
10	杭州市	1985	2268	2717	2418	2694
11	天津市	4328	4294	4550	4558	4377
12	金华市	185	255	553	882	1066
13	成都市	2497	3053	3388	3342	2948
14	重庆市	2079	2326	2827	2902	2352
15	无锡市	2545	2530	2606	2521	2407
16	佛山市	1098	929	1154	1075	1090
17	南京市	1822	1943	2378	2465	2328
18	郑州市	1452	2000	2338	2472	1954
19	烟台市	1173	1257	1664	1797	1916
20	大连市	2423	2181	2318	2705	2473
21	嘉兴市	726	779	984	1182	1072
22	绍兴市	208	192	237	281	413
23	武汉市	1020	1287	1423	1379	1441
24	福州市	785	794	1221	1180	956
25	西安市	1512	1702	2030	1622	1264
26	合肥市	823	1018	1295	1309	1261
27	舟山市	870	1072	1580	2226	2427
28	南通市	794	834	1142	1313	1210
29	惠州市	888	801	923	1048	1373
30	潍坊市	662	690	776	940	1104

注：按"城市进出口总额（人民币）（按收发货人所在地分）"表中城市顺序赋值。

城市进口总额（美元）

（按收发货人所在地分）

单位：亿美元

序号	城　市	2000 年	2005 年	2010 年	2015 年	2020 年
1	上海市	293	956	1882	2533	3058
2	深圳市	294	813	1426	1784	1956
3	北京市	374	946	2463	2648	2693
4	苏州市	96	679	1210	1239	1356
5	东莞市	149	334	520	639	726
6	宁波市	24	113	310	287	492
7	广州市	115	268	554	527	595
8	厦门市	41	113	217	292	488
9	青岛市	53	136	232	247	368
10	杭州市	35	101	170	164	327
11	天津市	85	259	446	632	620
12	金华市	1	3	10	13	37
13	成都市	6	19	107	155	441
14	重庆市	8	18	49	193	337
15	无锡市	26	136	249	262	366
16	佛山市	46	86	187	175	135
17	南京市	37	128	207	217	281
18	郑州市	3	6	17	251	292
19	烟台市	12	50	183	213	182
20	大连市	56	118	247	297	314
21	嘉兴市	8	29	68	82	113
22	绍兴市	4	23	59	28	28
23	武汉市	9	36	93	129	186
24	福州市	27	52	83	123	114
25	西安市	7	13	51	151	246
26	合肥市	6	14	43	66	147
27	舟山市	1	4	38	55	155
28	南通市	11	27	70	88	121
29	惠州市	37	84	140	196	116
30	潍坊市	4	10	30	59	100

城市进口总额（美元）

序号	城　　市	2019 年	2020 年	2021 年	2022 年	2023 年
1	上海市	2949	3058	3853	3700	3522
2	深圳市	1894	1956	2503	2212	2010
3	北京市	3414	2693	3759	4571	4332
4	苏州市	1270	1356	1616	1541	1340
5	东莞市	745	726	880	704	619
6	宁波市	465	492	665	668	639
7	广州市	689	595	698	713	627
8	厦门市	418	488	705	686	712
9	青岛市	365	368	550	550	576
10	杭州市	288	327	420	363	383
11	天津市	629	620	704	683	622
12	金华市	27	37	86	131	152
13	成都市	362	441	525	503	419
14	重庆市	301	337	437	436	335
15	无锡市	370	366	403	379	342
16	佛山市	159	135	179	161	155
17	南京市	264	281	368	370	332
18	郑州市	209	292	362	370	277
19	烟台市	170	182	258	270	272
20	大连市	351	314	359	406	352
21	嘉兴市	105	113	152	177	152
22	绍兴市	30	28	37	42	59
23	武汉市	148	186	220	208	204
24	福州市	114	114	189	177	136
25	西安市	219	246	314	244	180
26	合肥市	119	147	200	198	178
27	舟山市	126	155	245	333	345
28	南通市	115	121	177	196	172
29	惠州市	129	116	143	157	195
30	潍坊市	96	100	120	141	157

注：按"城市进出口总额（人民币）（按收发货人所在地分）"表中城市顺序赋值。

城市出口总额（人民币）

（按收发货人所在地分）

单位：亿元

序号	城　市	2000 年	2005 年	2010 年	2015 年	2020 年
1	上海市	2101	7467	12264	12164	13721
2	深圳市	2865	8315	13832	16413	16972
3	北京市	991	2540	3766	3395	4664
4	苏州市	868	5984	10386	11264	12938
5	东莞市	1416	3365	4720	6429	8281
6	宁波市	420	1829	3525	4420	6405
7	广州市	976	2191	3282	5031	5423
8	厦门市	478	1423	2396	3316	3572
9	青岛市	686	1597	2298	2806	3875
10	杭州市	575	1630	2398	3097	3690
11	天津市	714	2254	2548	3174	3074
12	金华市	52	361	827	2958	4612
13	成都市	67	220	941	1472	4099
14	重庆市	83	208	507	3417	4187
15	无锡市	279	1278	2460	2619	3545
16	佛山市	475	1403	2241	2998	4131
17	南京市	444	1172	1688	1956	3397
18	郑州市	52	115	235	1950	2949
19	烟台市	163	531	1729	1743	1963
20	大连市	613	1158	1858	1635	1672
21	嘉兴市	156	580	1089	1422	2272
22	绍兴市	105	670	1430	1683	2386
23	武汉市	97	208	594	944	1421
24	福州市	342	774	1106	1297	1845
25	西安市	87	217	361	820	1776
26	合肥市	110	230	382	851	1581
27	舟山市	37	88	471	385	588
28	南通市	169	477	955	1418	1792
29	惠州市	372	873	1371	2161	1688
30	潍坊市	82	243	590	807	1215

城市出口总额（人民币）

序号	城　　市	2019 年	2020 年	2021 年	2022 年	2023 年
1	上海市	13725	13721	15713	17101	17372
2	深圳市	16715	16972	19250	21816	24545
3	北京市	5172	4664	6123	5884	5999
4	苏州市	13233	12938	14875	15468	15080
5	东莞市	8632	8281	9531	9286	8460
6	宁波市	5970	6405	7623	8227	8287
7	广州市	5258	5423	6300	6147	6502
8	厦门市	3530	3572	4301	4657	4474
9	青岛市	3410	3875	4683	4699	4713
10	杭州市	3619	3690	4646	5150	5338
11	天津市	3018	3074	3831	3729	3631
12	金华市	4035	4612	5326	5956	6630
13	成都市	3236	4099	4742	4940	4524
14	重庆市	3713	4187	5073	5095	4777
15	无锡市	3820	3545	4216	4847	4658
16	佛山市	3727	4131	5007	5590	4875
17	南京市	3011	3397	3831	3779	3333
18	郑州市	2680	2949	3548	3598	3569
19	烟台市	1731	1963	2385	2703	2653
20	大连市	1941	1672	1933	2086	2080
21	嘉兴市	2106	2272	2801	3215	3337
22	绍兴市	2251	2386	2756	3408	3810
23	武汉市	1354	1421	1867	2126	2166
24	福州市	1844	1845	2269	2675	2648
25	西安市	1730	1776	2355	2735	2334
26	合肥市	1393	1581	1980	2300	2327
27	舟山市	501	588	776	1157	1150
28	南通市	1711	1792	2193	2347	2290
29	惠州市	1822	1688	2131	2043	2035
30	潍坊市	1128	1215	1756	2453	2302

注：按"城市进出口总额（人民币）（按收发货人所在地分）"表中城市顺序赋值。

城市出口总额（美元）

（按收发货人所在地分）

单位：亿美元

序号	城　市	2000 年	2005 年	2010 年	2015 年	2020 年
1	上海市	254	907	1807	1959	1980
2	深圳市	346	1015	2042	2640	2453
3	北京市	120	309	554	547	671
4	苏州市	105	728	1531	1815	1868
5	东莞市	171	409	696	1036	1195
6	宁波市	51	222	520	712	924
7	广州市	118	267	484	811	782
8	厦门市	58	173	353	534	516
9	青岛市	83	194	339	451	561
10	杭州市	69	198	353	499	532
11	天津市	86	274	375	512	443
12	金华市	6	44	122	477	664
13	成都市	8	27	139	238	592
14	重庆市	10	25	75	552	605
15	无锡市	34	155	363	422	512
16	佛山市	57	171	330	482	598
17	南京市	54	142	249	315	491
18	郑州市	6	14	35	312	430
19	烟台市	20	64	255	280	284
20	大连市	74	141	274	263	242
21	嘉兴市	19	70	160	229	328
22	绍兴市	13	81	211	271	345
23	武汉市	12	25	88	152	206
24	福州市	41	94	163	209	266
25	西安市	11	26	53	132	257
26	合肥市	13	28	56	137	228
27	舟山市	4	11	69	62	85
28	南通市	20	58	141	228	259
29	惠州市	45	107	202	348	244
30	潍坊市	10	29	87	130	176

城市出口总额（美元）

序号	城　　市	2019 年	2020 年	2021 年	2022 年	2023 年
1	上海市	1990	1980	2432	2559	2470
2	深圳市	2422	2453	2980	3260	3483
3	北京市	751	671	947	881	853
4	苏州市	1920	1868	2303	2323	2143
5	东莞市	1251	1195	1475	1397	1204
6	宁波市	866	924	1179	1237	1179
7	广州市	762	782	974	919	925
8	厦门市	512	516	666	699	637
9	青岛市	494	561	725	705	670
10	杭州市	525	532	719	775	759
11	天津市	438	443	593	561	517
12	金华市	585	664	824	895	942
13	成都市	469	592	734	741	644
14	重庆市	538	605	785	768	679
15	无锡市	554	512	653	727	662
16	佛山市	541	598	774	845	697
17	南京市	436	491	593	566	474
18	郑州市	386	430	550	540	507
19	烟台市	251	284	369	406	377
20	大连市	282	242	299	313	296
21	嘉兴市	306	328	433	482	475
22	绍兴市	326	345	427	511	542
23	武汉市	196	206	289	320	308
24	福州市	268	266	351	400	377
25	西安市	251	257	365	411	332
26	合肥市	202	228	306	345	331
27	舟山市	73	85	120	174	163
28	南通市	248	259	339	353	325
29	惠州市	265	244	330	307	289
30	潍坊市	164	176	272	369	327

注：按"城市进出口总额（人民币）（按收发货人所在地分）"表中城市顺序赋值。

城市进出口总额（人民币）

（按境内目的地/货源地分）

单位：亿元

序号	城市	2000年	2005年	2010年	2015年	2020年
1	上海市	4535	14941	24798	26278	33132
2	深圳市	5326	14660	23859	30202	36712
3	北京市	1981	4405	7518	8128	7972
4	苏州市	1731	11909	18977	19434	23106
5	东莞市	2792	6398	8801	10544	14200
6	宁波市	820	3801	6691	6257	8799
7	广州市	1821	4412	7450	11672	11472
8	厦门市	720	1949	2948	3448	4048
9	青岛市	1132	3306	5257	4797	6857
10	杭州市	821	2247	2716	3093	4079
11	天津市	1420	4498	6228	7388	8712
12	金华市	77	518	1864	3452	5371
13	成都市	131	304	1204	2212	6990
14	重庆市	153	349	802	3644	5810
15	无锡市	557	2486	4413	4347	6803
16	佛山市	963	2283	3595	3947	5273
17	南京市	751	2171	3010	2967	3816
18	郑州市	72	141	290	3453	4903
19	烟台市	346	1064	3339	3339	3544
20	大连市	1016	2355	4001	3593	4453
21	嘉兴市	244	830	1625	2152	3201
22	绍兴市	158	928	2000	2028	2394
23	武汉市	183	492	1071	1646	2408
24	福州市	543	1130	1481	1436	1788
25	西安市	139	327	546	1652	3214
26	合肥市	136	301	444	933	2062
27	舟山市	54	147	723	652	1703
28	南通市	305	792	1781	2206	3192
29	惠州市	749	1627	2652	3729	3533
30	潍坊市	136	350	839	1260	2203

城市进出口总额（人民币）

序号	城　　市	2019 年	2020 年	2021 年	2022 年	2023 年
1	上海市	32663	33132	39045	40097	40361
2	深圳市	34429	36712	38874	38705	39124
3	北京市	7740	7972	10188	9663	9656
4	苏州市	22897	23106	26337	26459	25248
5	东莞市	14099	14200	16671	15322	14543
6	宁波市	8817	8800	10848	11736	11369
7	广州市	11878	11472	12501	12294	13003
8	厦门市	3933	4048	4886	4818	4744
9	青岛市	6829	6857	9425	11002	11297
10	杭州市	4069	4079	5036	5264	5377
11	天津市	9395	8712	10110	10913	10506
12	金华市	4828	5371	6341	7132	7954
13	成都市	6067	6990	7737	8200	7202
14	重庆市	5214	5810	7005	6965	6399
15	无锡市	6953	6803	7773	8226	7954
16	佛山市	4959	5273	6522	7019	6382
17	南京市	3830	3816	4395	5064	4961
18	郑州市	4056	4903	5845	5907	5379
19	烟台市	2831	3544	5008	5352	5429
20	大连市	5057	4453	4969	5349	5399
21	嘉兴市	3199	3201	4194	4906	4754
22	绍兴市	2626	2394	3022	3616	3778
23	武汉市	2127	2408	2976	3435	3095
24	福州市	1786	1788	2498	2953	2944
25	西安市	3053	3214	3929	3651	3082
26	合肥市	1732	2062	2643	2985	3172
27	舟山市	1457	1703	2350	3452	3702
28	南通市	3095	3192	3952	4298	4230
29	惠州市	3828	3533	4377	4557	4608
30	潍坊市	2231	2203	2669	3446	3391

注：按"城市进出口总额（人民币）（按收发货人所在地分）"表中城市顺序赋值。

城市进出口总额（美元）

（按境内目的地/货源地分）

单位：亿美元

序号	城　　市	2000 年	2005 年	2010 年	2015 年	2020 年
1	上海市	547	1815	3654	4230	4788
2	深圳市	643	1790	3523	4855	5310
3	北京市	239	535	1107	1308	1150
4	苏州市	209	1449	2798	3130	3336
5	东莞市	337	778	1298	1698	2051
6	宁波市	99	461	986	1008	1271
7	广州市	220	537	1098	1880	1657
8	厦门市	87	236	435	555	585
9	青岛市	137	401	775	773	991
10	杭州市	99	273	400	498	589
11	天津市	171	546	916	1190	1258
12	金华市	9	63	275	556	774
13	成都市	16	37	177	356	1010
14	重庆市	19	42	118	587	840
15	无锡市	67	302	651	700	982
16	佛山市	116	278	530	636	763
17	南京市	91	264	444	478	551
18	郑州市	9	17	43	553	716
19	烟台市	42	129	492	538	513
20	大连市	123	286	590	579	642
21	嘉兴市	29	101	240	347	463
22	绍兴市	19	113	295	327	345
23	武汉市	22	60	158	264	349
24	福州市	66	138	218	232	258
25	西安市	17	40	80	266	464
26	合肥市	16	37	66	150	298
27	舟山市	7	18	107	105	246
28	南通市	37	96	263	355	461
29	惠州市	90	198	391	600	511
30	潍坊市	16	42	124	203	318

城市进出口总额（美元）

序号	城　市	2019 年	2020 年	2021 年	2022 年	2023 年
1	上海市	4737	4788	6044	5996	5741
2	深圳市	4989	5310	6017	5792	5557
3	北京市	1123	1150	1576	1452	1372
4	苏州市	3323	3336	4077	3976	3588
5	东莞市	2045	2051	2580	2305	2068
6	宁波市	1280	1271	1678	1766	1617
7	广州市	1723	1657	1934	1839	1849
8	厦门市	571	585	756	724	675
9	青岛市	990	991	1459	1648	1607
10	杭州市	590	589	779	792	764
11	天津市	1364	1258	1564	1636	1495
12	金华市	700	774	981	1071	1130
13	成都市	880	1010	1198	1229	1023
14	重庆市	756	840	1084	1049	911
15	无锡市	1009	982	1203	1234	1131
16	佛山市	719	763	1008	1059	911
17	南京市	556	551	680	760	706
18	郑州市	584	716	905	886	763
19	烟台市	411	513	775	804	772
20	大连市	734	642	768	804	767
21	嘉兴市	464	463	649	736	676
22	绍兴市	381	345	468	543	537
23	武汉市	308	349	460	516	440
24	福州市	259	258	386	441	419
25	西安市	443	464	608	549	439
26	合肥市	251	298	409	449	450
27	舟山市	211	246	364	516	526
28	南通市	449	461	612	645	601
29	惠州市	556	511	678	685	655
30	潍坊市	324	318	413	518	482

注：按"城市进出口总额（人民币）（按收发货人所在地分）"表中城市顺序赋值。

城市进口总额（人民币）

（按境内目的地分）

单位：亿元

序号	城　市	2000 年	2005 年	2010 年	2015 年	2020 年
1	上海市	2491	7814	13040	15181	21547
2	深圳市	2456	6635	10541	13221	14107
3	北京市	1345	2891	5430	6325	5925
4	苏州市	849	5873	8519	8018	9980
5	东莞市	1286	2817	3701	4072	5406
6	宁波市	371	1962	3174	2293	3495
7	广州市	984	2390	4105	3663	4887
8	厦门市	349	875	1302	1408	1543
9	青岛市	484	1757	3008	2281	3829
10	杭州市	283	697	911	815	1243
11	天津市	785	2355	3659	4387	5900
12	金华市	11	35	72	89	253
13	成都市	64	148	703	977	3093
14	重庆市	66	151	328	1167	2001
15	无锡市	257	1176	1783	1680	3149
16	佛山市	434	748	1220	1091	1121
17	南京市	378	1083	1666	1588	1824
18	郑州市	26	53	108	1557	1985
19	烟台市	165	508	1500	1576	1741
20	大连市	498	1196	2223	1992	2534
21	嘉兴市	79	237	449	545	840
22	绍兴市	36	228	400	179	217
23	武汉市	98	320	604	790	1218
24	福州市	226	427	580	479	637
25	西安市	65	146	290	879	1577
26	合肥市	46	74	260	325	766
27	舟山市	15	58	268	332	1204
28	南通市	120	295	631	734	1105
29	惠州市	374	739	1252	1384	1397
30	潍坊市	36	85	237	378	771

城市进口总额（人民币）

序号	城　市	2019 年	2020 年	2021 年	2022 年	2023 年
1	上海市	20929	21547	25975	26288	26445
2	深圳市	14265	14107	16334	15398	15226
3	北京市	5911	5925	6871	7399	7594
4	苏州市	9481	9980	11296	10846	10126
5	东莞市	5146	5406	6576	5366	5233
6	宁波市	3746	3495	4455	5057	4777
7	广州市	5426	4887	5409	5595	5134
8	厦门市	1558	1543	1914	1713	1713
9	青岛市	3902	3829	5448	6732	7066
10	杭州市	1238	1243	1482	1409	1427
11	天津市	6554	5900	6479	7202	6737
12	金华市	177	253	497	735	940
13	成都市	3131	3093	3302	3631	3087
14	重庆市	1782	2001	2375	2334	2074
15	无锡市	3046	3149	3300	3012	2902
16	佛山市	1238	1121	1371	1241	1271
17	南京市	1930	1824	2126	2635	2535
18	郑州市	1440	1985	2351	2429	1855
19	烟台市	1289	1741	2411	2480	2642
20	大连市	2787	2534	2797	3008	2906
21	嘉兴市	817	840	1123	1330	1185
22	绍兴市	227	217	254	298	402
23	武汉市	999	1218	1315	1494	1274
24	福州市	638	637	833	912	902
25	西安市	1430	1577	1767	1296	1012
26	合肥市	623	766	975	976	1032
27	舟山市	1023	1204	1730	2587	2686
28	南通市	1047	1105	1493	1509	1493
29	惠州市	1530	1397	1689	1876	1892
30	潍坊市	897	771	759	783	873

注：按"城市进出口总额（人民币）（按收发货人所在地分）"表中城市顺序赋值。

城市进口总额（美元）

（按境内目的地分）

单位：亿美元

序号	城市	2000年	2005年	2010年	2015年	2020年
1	上海市	301	949	1922	2443	3115
2	深圳市	296	810	1556	2125	2038
3	北京市	163	351	800	1018	855
4	苏州市	102	715	1256	1291	1441
5	东莞市	155	342	546	656	781
6	宁波市	45	238	468	369	505
7	广州市	119	291	605	590	706
8	厦门市	42	106	192	227	223
9	青岛市	59	213	444	368	554
10	杭州市	34	85	134	131	179
11	天津市	95	286	538	707	852
12	金华市	1	4	11	14	37
13	成都市	8	18	104	157	447
14	重庆市	8	18	48	188	290
15	无锡市	31	143	263	271	455
16	佛山市	52	91	180	175	162
17	南京市	46	132	246	256	264
18	郑州市	3	6	16	250	290
19	烟台市	20	62	221	254	252
20	大连市	60	145	328	321	365
21	嘉兴市	9	29	66	88	122
22	绍兴市	4	28	59	29	31
23	武汉市	12	39	89	127	176
24	福州市	27	52	86	77	92
25	西安市	8	18	43	141	228
26	合肥市	6	9	38	52	111
27	舟山市	2	7	39	53	174
28	南通市	14	36	93	118	160
29	惠州市	45	90	185	223	202
30	潍坊市	4	10	35	61	111

城市进口总额（美元）

序号	城 市	2019 年	2020 年	2021 年	2022 年	2023 年
1	上海市	3036	3115	4021	3932	3762
2	深圳市	2068	2038	2529	2309	2164
3	北京市	858	855	1062	1112	1079
4	苏州市	1376	1441	1748	1632	1438
5	东莞市	747	781	1018	808	744
6	宁波市	544	505	689	761	679
7	广州市	788	706	837	840	730
8	厦门市	226	223	296	258	243
9	青岛市	566	554	843	1008	1005
10	杭州市	180	179	229	212	203
11	天津市	951	852	1003	1079	958
12	金华市	26	37	77	109	134
13	成都市	454	447	511	544	438
14	重庆市	258	290	368	351	295
15	无锡市	442	455	511	453	412
16	佛山市	180	162	212	187	181
17	南京市	280	264	329	396	361
18	郑州市	208	290	364	364	263
19	烟台市	187	252	373	373	375
20	大连市	405	365	433	452	413
21	嘉兴市	119	122	174	200	168
22	绍兴市	33	31	39	45	57
23	武汉市	145	176	203	224	181
24	福州市	92	92	129	137	128
25	西安市	207	228	274	195	144
26	合肥市	90	111	151	148	146
27	舟山市	148	174	268	387	382
28	南通市	152	160	231	226	212
29	惠州市	222	202	262	282	268
30	潍坊市	130	111	117	118	124

注：按"城市进出口总额（人民币）（按收发货人所在地分）"表中城市顺序赋值。

城市出口总额（人民币）

（按境内货源地分）

单位：亿元

序号	城　市	2000 年	2005 年	2010 年	2015 年	2020 年
1	上海市	2044	7127	11758	11097	11585
2	深圳市	2870	8025	13318	16982	22605
3	北京市	636	1514	2088	1804	2048
4	苏州市	882	6035	10458	11415	13126
5	东莞市	1506	3581	5100	6472	8794
6	宁波市	449	1839	3517	3964	5305
7	广州市	837	2022	3346	8010	6585
8	厦门市	370	1074	1646	2039	2505
9	青岛市	647	1549	2249	2516	3028
10	杭州市	538	1550	1804	2279	2836
11	天津市	635	2143	2568	3000	2812
12	金华市	66	483	1792	3363	5118
13	成都市	66	156	501	1234	3897
14	重庆市	87	197	474	2478	3809
15	无锡市	300	1310	2630	2667	3654
16	佛山市	529	1535	2375	2856	4152
17	南京市	374	1088	1344	1378	1992
18	郑州市	46	89	182	1895	2918
19	烟台市	181	555	1840	1764	1803
20	大连市	518	1159	1778	1601	1919
21	嘉兴市	166	592	1177	1607	2361
22	绍兴市	122	699	1600	1848	2177
23	武汉市	85	172	467	856	1190
24	福州市	317	703	901	957	1151
25	西安市	75	182	256	773	1637
26	合肥市	89	227	184	608	1296
27	舟山市	39	89	456	320	499
28	南通市	186	497	1150	1471	2088
29	惠州市	375	888	1400	2344	2136
30	潍坊市	100	264	602	883	1432

城市出口总额（人民币）

序号	城　市	2019 年	2020 年	2021 年	2022 年	2023 年
1	上海市	11734	11585	13070	13809	13916
2	深圳市	20165	22605	22539	23307	23898
3	北京市	1829	2048	3317	2263	2063
4	苏州市	13416	13126	15042	15613	15123
5	东莞市	8954	8794	10095	9957	9309
6	宁波市	5071	5305	6393	6679	6592
7	广州市	6451	6585	7092	6699	7869
8	厦门市	2375	2505	2972	3105	3031
9	青岛市	2927	3028	3977	4270	4231
10	杭州市	2831	2836	3554	3855	3950
11	天津市	2841	2812	3632	3712	3769
12	金华市	4651	5118	5844	6397	7014
13	成都市	2936	3897	4436	4570	4115
14	重庆市	3432	3809	4630	4631	4325
15	无锡市	3907	3654	4473	5214	5051
16	佛山市	3721	4152	5151	5778	5111
17	南京市	1900	1992	2269	2429	2426
18	郑州市	2616	2918	3493	3478	3524
19	烟台市	1541	1803	2597	2872	2787
20	大连市	2270	1919	2172	2342	2493
21	嘉兴市	2383	2361	3071	3575	3569
22	绍兴市	2399	2177	2768	3318	3376
23	武汉市	1128	1190	1661	1941	1821
24	福州市	1148	1151	1665	2041	2042
25	西安市	1623	1637	2161	2356	2069
26	合肥市	1110	1296	1669	2009	2140
27	舟山市	434	499	620	865	1016
28	南通市	2048	2088	2459	2789	2737
29	惠州市	2298	2136	2687	2681	2716
30	潍坊市	1333	1432	1910	2663	2518

注：按"城市进出口总额（人民币）（按收发货人所在地分）"表中城市顺序赋值。

城市出口总额（美元）

（按境内货源地分）

单位：亿美元

序号	城 市	2000 年	2005 年	2010 年	2015 年	2020 年
1	上海市	247	866	1733	1787	1673
2	深圳市	346	980	1967	2730	3272
3	北京市	77	184	307	290	295
4	苏州市	106	734	1542	1839	1895
5	东莞市	182	436	752	1042	1269
6	宁波市	54	223	518	639	766
7	广州市	101	246	493	1290	951
8	厦门市	45	130	243	329	362
9	青岛市	78	188	332	405	437
10	杭州市	65	188	266	367	409
11	天津市	77	260	378	484	406
12	金华市	8	59	264	542	738
13	成都市	8	19	74	199	563
14	重庆市	11	24	70	399	550
15	无锡市	36	159	388	430	527
16	佛山市	64	187	350	460	601
17	南京市	45	132	198	222	287
18	郑州市	6	11	27	303	426
19	烟台市	22	67	271	284	261
20	大连市	63	141	262	258	277
21	嘉兴市	20	72	173	259	341
22	绍兴市	15	85	236	298	314
23	武汉市	10	21	69	137	172
24	福州市	38	86	133	154	166
25	西安市	9	22	38	125	237
26	合肥市	11	28	27	98	187
27	舟山市	5	11	67	52	72
28	南通市	22	60	170	237	301
29	惠州市	45	108	207	377	309
30	潍坊市	12	32	89	142	207

城市出口总额（美元）

序号	城　市	2019 年	2020 年	2021 年	2022 年	2023 年
1	上海市	1701	1673	2023	2064	1979
2	深圳市	2920	3272	3489	3483	3393
3	北京市	265	295	514	340	293
4	苏州市	1947	1895	2328	2345	2149
5	东莞市	1298	1269	1562	1498	1324
6	宁波市	736	766	989	1005	938
7	广州市	935	951	1097	999	1119
8	厦门市	345	362	460	466	431
9	青岛市	424	437	616	640	602
10	杭州市	411	409	550	580	562
11	天津市	413	406	562	556	537
12	金华市	674	738	904	961	997
13	成都市	425	563	687	685	585
14	重庆市	497	550	717	698	615
15	无锡市	567	527	692	782	718
16	佛山市	540	601	796	872	730
17	南京市	276	287	351	364	345
18	郑州市	377	426	541	522	500
19	烟台市	224	261	402	431	396
20	大连市	330	277	336	352	354
21	嘉兴市	346	341	475	536	508
22	绍兴市	348	314	428	498	480
23	武汉市	163	172	257	292	259
24	福州市	166	166	258	305	290
25	西安市	236	237	335	354	295
26	合肥市	161	187	258	301	304
27	舟山市	63	72	96	130	144
28	南通市	297	301	381	419	389
29	惠州市	334	309	416	403	386
30	潍坊市	193	207	296	400	358

注：按"城市进出口总额（人民币）（按收发货人所在地分）"表中城市顺序赋值。

特定地区进出口总额

（按收发货人所在地分）

特定地区	亿元人民币			亿美元		
	2021 年	2022 年	2023 年	2021 年	2022 年	2023 年
经济特区	49863	51797	54096	7718	7760	7685
经济技术开发区和特殊开放区	31198	32709	31310	4828	4915	4448
高新技术产业开发区	27574	27552	24965	4268	4140	3549
综合实验区	5749	5710	4942	890	857	701
保税区	18141	17247	15334	2809	2580	2180
出口加工区	—	—	—	—	—	—
珠澳跨境工业园区	44	60	102	7	9	14
保税物流园区	—	—	—	—	—	—
保税港区	842	888	1053	130	133	150
综合保税区	59010	65643	63643	9138	9820	9047
保税物流中心（B型）	1234	1505	1665	191	225	236
国际边境合作中心	5	0	2	1	0	0

注：1. "出口加工区"和"保税物流园区"逐步转型升级，整合到综合保税区，2021 年起不再单列。

2. 2021 年，调整"保税物流中心（B型）"计算口径，为了更精准反映实际进出口状况，历史数据未调整。

五、指数

◁ 2024 中国海关统计摘要

中国对外贸易出口价格同比指数（人民币）

上年同期=100

月 份	总指数				
	2019 年	2020 年	2021 年	2022 年	2023 年
1	103. 2	99. 7	101. 0	109. 5	111. 9
2	109. 6	98. 7	97. 9	111. 7	106. 6
3	102. 2	101. 2	98. 3	111. 1	107. 0
4	103. 9	107. 7	97. 8	108. 9	105. 3
5	103. 4	108. 4	99. 6	109. 6	99. 5
6	105. 1	104. 3	100. 8	115. 7	93. 3
7	103. 8	104. 3	102. 6	114. 3	94. 5
8	103. 0	101. 3	106. 5	112. 7	91. 4
9	102. 0	96. 2	110. 6	113. 1	92. 1
10	101. 1	97. 8	108. 1	115. 3	90. 3
11	101. 2	99. 9	107. 5	113. 2	90. 8
12	98. 6	100. 5	109. 3	113. 1	91. 6

中国对外贸易出口价格同比指数（美元）

上年同期=100

月 份	总指数				
	2019 年	2020 年	2021 年	2022 年	2023 年
1	99. 1	98. 3	108. 0	112. 4	102. 1
2	104. 2	97. 3	104. 2	114. 0	100. 0
3	95. 9	97. 9	106. 4	112. 8	99. 5
4	97. 9	102. 8	105. 9	111. 0	97. 8
5	97. 1	103. 6	107. 9	111. 1	92. 8
6	97. 8	100. 6	110. 9	111. 8	89. 2
7	97. 4	101. 2	113. 3	108. 9	89. 0
8	99. 4	99. 4	115. 5	108. 0	86. 1
9	99. 5	97. 3	118. 2	108. 1	86. 9
10	98. 2	101. 2	114. 2	107. 5	87. 2
11	99. 1	105. 3	112. 5	102. 4	89. 7
12	97. 3	107. 1	112. 7	102. 4	90. 3

中国对外贸易进口价格同比指数（人民币）

上年同期＝100

月 份	总指数				
	2019 年	2020 年	2021 年	2022 年	2023 年
1	103.8	100.4	95.9	115.8	104.1
2	105.0	99.3	101.2	111.9	100.8
3	102.0	97.4	105.0	113.1	99.6
4	101.6	94.4	110.4	117.1	95.0
5	107.9	90.6	117.4	112.7	95.5
6	105.9	91.7	118.0	114.3	91.5
7	103.0	93.3	117.2	115.6	90.9
8	100.5	96.4	115.7	110.5	93.5
9	98.6	97.0	116.4	108.2	97.0
10	96.4	95.4	117.0	110.9	97.3
11	97.4	94.2	117.6	106.4	100.0
12	97.9	95.4	116.5	107.1	98.0

中国对外贸易进口价格同比指数（美元）

上年同期＝100

月 份	总指数				
	2019 年	2020 年	2021 年	2022 年	2023 年
1	99.5	98.9	102.7	118.7	95.0
2	100.1	97.4	107.6	114.1	94.5
3	95.6	94.2	113.6	114.9	92.5
4	96.0	90.2	119.4	119.4	88.2
5	101.3	86.5	127.2	114.1	89.1
6	98.5	88.6	129.9	110.1	87.5
7	97.5	90.6	129.4	110.1	85.6
8	97.6	94.9	125.1	106.0	88.1
9	96.7	98.4	124.3	103.3	91.7
10	93.7	99.0	123.3	103.1	94.2
11	94.3	99.3	123.0	96.1	98.8
12	96.8	101.7	119.9	97.0	96.7

附录

◁

2024

中国海关统计摘要

主要统计指标解释

商品分类 凡列入海关统计范围的进出口货物均根据《中华人民共和国海关统计商品目录》归类统计。该目录 1980—1991 年以联合国《国际贸易标准分类》第二次修订本（SITC, Rev. 2）为基础编制，1992 年起改以海关合作理事会制定的《商品名称及编码协调制度》（HS）（以下简称《协调制度》）为基础编制，采用 8 位数商品编码，前 6 位数采用《协调制度》编码，后两位数是根据中国关税、统计和贸易管理方面的需要而增设的本国子目。2023 年全目录计有 99 章、8957 个 8 位数商品编码。

《国际贸易标准分类》（SITC）由联合国统计局主持制定、联合国经济社会理事会正式通过，用于统一各国对外贸易商品的分类统计。该体系采用经济分类标准，按照原料、半制品、制成品顺序分类，把全部国际贸易商品按经济类别划分为 10 大类，并按照编码的不同分类层次汇总为初级产品（0~4 类）和工业制成品（5~9 类）。

《按广泛经济类别分类》（BEC）由联合国统计局制定、联合国统计委员会审议通过、联合国秘书处出版颁布。BEC 分类把全部国际贸易商品分为 7 大类、19 个基本类，按照商品的主要最终用途或经济类别综合汇总为资本品、中间产品和消费品 3 个门类。

统计价格 进口货物按到岸价格（CIF）统计，出口货物按离岸价格（FOB）统计。

到岸价格包括货价、货物运抵中国关境内输入地点起卸前的运费、保险费和其他劳务费等费用。离岸价格包括货价、货物运抵中国关境内输出地点装卸前的运费、保险费和其他劳务费等费用，不包括货物离开中国关境后的运费、保险费和其他费用。

海关统计价格分别以人民币和美元计价。进出口货物的价格以其他外币计价的，分别按照海关征税使用的中国人民银行折算价及国家外汇管理部门按月公布的各种外币对美元的折算率，折算成人民币值和美元值进行统计。由于汇率波动会导致以人民币计价和以美元计价计算的同比数据不一致，提请数据使用者注意。

进出口货物关别 指接受进出口货物申报的海关。

贸易方式 指进出口交易活动中买卖双方转让商品所有权时采用的交易方式，亦称货物的贸易性质。贸易方式统计可以反映各种贸易方式的进出口情况及其在对外贸易中所占的比重。

一般贸易 指中国境内有进出口经营权的企业单边进口或单边出口的贸易。

国家间、国际组织无偿援助和赠送的物资 指中国根据两国政府间的协议或临时决定，对外提供无偿援助、捐赠品或中国政府、组织基于友好关系向对方国家政府、组织赠送的物资，以及中国政府、组织接受国际组织、外国政府或组织无偿援助、捐赠或赠送的物资。

来料加工贸易　指由外商提供全部或部分原材料、辅料、零部件、元器件、配套件和包装物料，必要时提供设备，由中方按对方的要求进行加工装配，成品交对方销售，中方收取工缴费。包括海关特殊监管区域企业以来料加工装配贸易方式进口及出口的货物。

进料加工贸易　指中方购买进口的原料、材料、辅料、元器件、零部件、配套件和包装物料，加工成品或半成品后再外销出口的交易形式。包括海关特殊监管区域企业从境外进口的用于加工的料件，以及加工后出口的成品。

边境小额贸易　指中国沿陆地边境线经国家批准对外开放的边境县（旗）、边境城市辖区内企业，通过国家指定的陆地边境口岸，与毗邻国家边境地区的企业或其他贸易机构之间进行的贸易活动，包括易货贸易、现汇贸易等各类形式，以及边境地区企业与我国毗邻国家边境地区开展承包工程和劳务合作项下出口的工程设备、物资和在境外获取运回境内的设备、物资。

加工贸易进口设备　指加工贸易项下对方提供的机械设备，包括以工缴费（或差价）偿还的作价或不作价设备。

对外承包工程出口货物　指经国家商务主管部门批准有对外承包工程经营权的公司为承包国外建设工程项目和开展劳务合作等对外合作项目而出口的设备、物资，不包括边境地区经国家商务主管部门批准有对外经济技术合作经营权的企业与中国毗邻国家开展承包工程和劳务合作项下出口的工程设备、物资。

租赁贸易　指承办租赁业务的企业与外商签订国际租赁贸易合同，租赁期为一年及以上的租赁进出口货物。

外商投资企业作为投资进口的设备、物品　指外商投资企业以投资总额内的资金（包括中方投资）所进口的机器设备、零部件和其他物料［其他物料指建厂（场），以及安装、加固机器所需材料］，以及根据国家规定进口本企业自用合理数量的交通工具、生产用车辆和办公用品（设备）。

出料加工贸易　指将中国关境内原辅料、零部件、元器件或半成品交由境外厂商按中方要求进行加工或装配，成品复运进口，中方支付工缴费的交易形式。

免税外汇商品　指由经批准的收发货人进口、销售专供入境的中国出国人员、华侨、外籍华人、港澳台同胞等探亲人员，出境探亲的中国公民和驻华外交人员的免税外汇商品。

免税品　指设在国际机场、港口、车站和过境口岸的免税品商店进口，按有关规定销售给办完出境手续的旅客的免税商品，供外国籍船员和我国远洋船员购买送货上船出售的免税商品，供外交人员购买的免税品，以及在我国国际航机、国际班轮上向国际旅客出售的免税商品。对应监管方式为"免税品"（1741），仅适用于进口。2014 年之前，海关对免税品实施单项统计，自 2014 年起，免税品列入海关统计。

保税监管场所进出境货物　指从境外直接存入海关保税监管场所（包括保税仓库、保税物流中心）的货物和从海关保税监管场所（上述场所及出口监管仓库）运往境外的货物，不包括海关特殊监管区域进出境的仓储、转口等物流货物。2011 年之前称为保税仓库进出境货物。

海关特殊监管区域物流货物 指从境外直接存入海关特殊监管区域（包括保税区、保税物流园区、出口加工区、综合保税区、保税港区、特殊综合保税区等）和从海关特殊监管区域运往境外的仓储、分拨、配送、转口货物，包括流通领域的物流货物及供区内加工生产用的仓储货物。2011 年之前称为保税区仓储转口货物。

海关特殊监管区域进口设备 指从境外直接运入海关特殊监管区域（保税区、保税物流园区除外）用于区内业务所需的设备、物资，以及区内企业和行政管理机构从境外进口自用合理数量的办公用品等。2011 年之前称为出口加工区进口设备。

其他贸易方式 适用于上述列名贸易方式之外的进出口货物，包括市场采购货物和边民互市货物等。

进出口货物收发货人 指在海关备案的对外签订并执行进出口贸易合同的中国境内法人、其他组织或个人。

收发货人所在地 指进出口收发货人在我国关境内的工商注册地。

境内目的地 指进口货物在我国关境内的消费、使用地或最终运抵地。

境内货源地 指出口货物在我国关境内的产地或原始发货地。

东部地区 包括北京市、天津市、河北省、上海市、江苏省、浙江省、福建省、山东省、广东省和海南省 10 个省、直辖市。

东北地区 包括辽宁省、吉林省和黑龙江省 3 个省。

中部地区 包括山西省、安徽省、江西省、河南省、湖北省和湖南省 6 个省。

西部地区 包括内蒙古自治区、广西壮族自治区、重庆市、四川省、贵州省、云南省、西藏自治区、陕西省、甘肃省、青海省、宁夏回族自治区和新疆维吾尔自治区 12 个省、自治区和直辖市。

统计国别（地区） 进口货物统计原产国（地区），出口货物统计最终目的国（地区）。

原产国（地区）指进口货物的生产、开采或加工制造的国家（地区）。对经过几个国家（地区）加工制造的进口货物，以最后一个对货物进行经济上可以视为实质性加工的国家（地区）作为该货物的原产国（地区）。原产国（地区）确实不详时，按"国别不详"统计。

最终目的国（地区）指出口货物已知的消费、使用或进一步加工制造的国家（地区）。最终目的国（地区）不能确定时，按货物出口时尽可能预知的最后运往国（地区）统计。

东南亚国家联盟 包括文莱、缅甸、柬埔寨、印度尼西亚、老挝、马来西亚、菲律宾、新加坡、泰国、越南 10 个国家。

欧洲联盟 2000 年数据包含比利时、丹麦、英国、德国、法国、爱尔兰、意大利、卢森堡、荷兰、希腊、葡萄牙、西班牙、奥地利、芬兰、瑞典 15 个国家。

2005 年数据包含比利时、丹麦、英国、德国、法国、爱尔兰、意大利、卢森堡、荷兰、希腊、葡萄牙、西班牙、奥地利、芬兰、瑞典、马耳他、塞浦路斯、波兰、匈牙利、捷克、斯洛文尼亚、斯洛伐克、爱沙尼亚、拉脱维亚、立陶宛 25 个国家。

2010 年数据包含比利时、丹麦、英国、德国、法国、爱尔兰、意大利、卢森堡、荷兰、希腊、葡萄牙、西班牙、奥地利、芬兰、瑞典、马耳他、塞浦路斯、波兰、匈牙利、捷克、斯洛文尼亚、斯洛伐克、爱沙尼亚、拉脱维亚、立陶宛、保加利亚、罗马尼亚 27 个国家。

2015—2019 年数据包含比利时、丹麦、英国、德国、法国、爱尔兰、意大利、卢森堡、荷兰、希腊、葡萄牙、西班牙、奥地利、芬兰、瑞典、塞浦路斯、匈牙利、马耳他、波兰、爱沙尼亚、拉脱维亚、立陶宛、斯洛文尼亚、捷克、斯洛伐克、保加利亚、罗马尼亚、克罗地亚 28 个国家。

2020 年 1 月英国正式脱离欧盟，欧盟统计范围调整为 27 国，即不包括英国。2020 年全年及以后数据包含比利时、丹麦、德国、法国、爱尔兰、意大利、卢森堡、荷兰、希腊、葡萄牙、西班牙、奥地利、芬兰、瑞典、塞浦路斯、匈牙利、马耳他、波兰、爱沙尼亚、拉脱维亚、立陶宛、斯洛文尼亚、捷克、斯洛伐克、保加利亚、罗马尼亚、克罗地亚 27 个国家。

"一带一路"沿线国家　引用商务部、国家统计局、国家外汇管理局联合发布的《2017 年度中国对外直接投资统计公报》相关报表中"一带一路"沿线国家的统计口径，包括越南、印度、新加坡、俄罗斯等 64 个国家。自 2023 年起不再编制，开始使用共建"一带一路"国家统计口径。

机电产品　包括机械设备、电气设备、交通运输设备、电子产品、电器产品、仪器仪表、金属制品等及其零部件、元器件。机电产品包含的商品与部分进口、出口主要商品有交叉。

高新技术产品　采用《国家高新技术产品目录》，包括电子信息、生物医药技术、新材料、光机电一体化、新能源高效节能、环境保护、航空航天、海洋工程、核应用技术等方面的设备、仪表及其零部件、元器件。高新技术产品包含的商品与部分进口、出口主要商品有交叉。

农产品　自 2003 年起采用 WTO 乌拉圭回合农业协议的农产品和水海产品统计口径，统计口径与农业部（现农业农村部）统计口径一致。因 2000—2002 年无农产品统计口径，故相关数据用 2003 年同口径重新计算。农产品包含的商品与部分进口、出口主要商品有交叉。

对外贸易价格指数　指反映一个国家或地区在一定时期内进出口商品价格变动趋势及幅度的统计指标，采用费氏公式的"单位价值法"编制。计算指数的资料全部来自中国海关的进出口货物贸易统计。

统计时间　进口货物按海关放行的日期进行统计，出口货物按海关结关的日期进行统计。海关月度统计数据按公历月度汇总编制。